Original Japanese language edition
Excel de Manbu Ishiketteiron·Kikaku·Marketing no tameno Jikken Keikaku Hou
Supervised by Taichirou Ueda
Written by Miki Fuchigami,Kazuaki Ueda, Hiroshi Kondou and Reiko Takahashi

Published by Ohmsha, Ltd.
This Chinese version published by Science Press, Beijing
Under license from Ohmsha, Ltd.

Excelで学ぶ営業・企画・マーケティングのための実験計画法
上田太一郎　渕上美喜　上田和明　近藤宏　高橋玲子　オーム社　2006

用Excel学习系列丛书

用Excel学试验设计法

〔日〕上田太一郎 监修
〔日〕渕上美喜 上田和明 近藤宏 高桥玲子 著
韩荣芳 译

科学出版社

图字：01-2011-7436号

内 容 简 介

日常生活中我们经常会看到很多问卷调查，调查问卷中会有多个选项，要求回答者根据自己的感觉对各选项评分。像这种设计问卷调查，明确各选项（因子）的影响程度的方法就是因子设计（法）。但是，单有一大堆的数据并不能说明什么，还需要作解析工作。而“解析”这个词，会给人很深奥、专业的印象。其实不然，用大家都司空见惯的Excel就能够实现解析。

本书利用很普通的办公软件，通过日常实例浅显易懂地解释了各种因子设计及数据的解析方法。整体来说，这是一本看似高深内容却极易理解的书，而且每个实例都有操作步骤。读者不需要专业的基础知识，只要花一个月左右的时间去学习，就可以透过数据看本质了。

图书在版编目（CIP）数据

用Excel学试验设计法/（日）上田太一郎 监修；渕上美喜，上田和明，近藤宏，高桥玲子著；韩荣芳译—北京：科学出版社，2012.6

（用Excel学习系列丛书）

ISBN 978-7-03-034573-8

Ⅰ.用… Ⅱ.①上…②渕…③上…④近…⑤高…⑥韩… Ⅲ.表处理软件-应用-企业管理 Ⅳ.F270.7

中国版本图书馆CIP数据核字（2012）第114171号

责任编辑：徐 莹 张丽娜 / 责任制作：董立颖 魏 谨

责任印制：赵德静 / 封面设计：郝建宝

北京东方科龙图文有限公司 制作

http://www.okbook.com.cn

科学出版社 出版

北京东黄城根北街16号

邮政编码：100717

http://www.sciencep.com

北京市四季青双青印刷厂 印刷

科学出版社发行 各地新华书店经销

*

2012年7月第 一 版 开本：B5(720×1000)

2012年7月第一次印刷 印张：14 3/4

印数：1—5 000 字数：254 000

定价：32.00元

前 言

不知道您有没有听过、使用过试验设计法（Design of Experiments, DE）？

试验设计法是一种强大的方法，在营业、策划和营销等场合都非常有用。为了推广该方法，本书将对其进行详细介绍。

试验设计法由英国人罗纳德·费雪在19世纪20年代首创，是一种通过极高效率的试验组合来实现的统计方法。费雪认为，可以从众多的因子中找出对结果真正有作用的因子用于田间试验，于是开发了该试验设计法。第二次世界大战以后在日本的田口玄一博士[试验设计法的巨匠、田口方法（质量工程学）的创始人]的指导下，试验设计法在工业领域尤其是质量管理方法方面得到普及。如今除了工业、农业，在物理、化学、医学、药学、心理学、经济学、教育学、人机工程学、感性工学等众多领域也得到广泛运用。

试验设计法不仅在理科领域，在营业、策划、营销等文科领域也十分有效。您也许会问营业中的“试验”是什么？这里的“试验”是广义的试验，理解成“调查”即可。**试验设计法：研究如何得到上等的食材（数据），如何加工这些食材（解析）以得到有效信息，是一种强而有效的统计方法。**

虽说试验设计法对文科领域也适用，但似乎仅局限于专业领域。现实中大多数人都不知道，即使知道也没怎么使用过。那么试验设计法为什么得不到大家的认可呢？

其主要原因是试验设计法太难。解析需要计算，虽然可以用手计算，但确实麻烦。那就必须购买专业的解析程序，还要学习程序的使用方法。而要达到熟练的程度，还必须经历多重考验，花费不少时间。那有没有更好的方法呢？

笔者们在各种研究活动里介绍了用Excel可以简单地解析试验设计法。Excel是一种极其常见的工具，大家都知道它的基本使用方法。

本书将通过营业、策划、营销等方面的实例对试验设计法（也称为因子设计法）进行简明易懂的说明。同时，作者也将介绍如何使用 Excel 的分析工具来实现简单的解析。

本书的目的是希望读者能理解并掌握以下 3 点。

① 试验设计法也能运用在营业、策划、营销领域。

② 试验设计法的解析作业基本遵循方差分析，通过Excel可以轻松地完成。

③ 利用营业、策划、营销领域中具有实战性的试验设计法实例，学习并掌握诸多调查及分析的方法。

希望本书能够帮助读者更好地学习、运用试验设计法。

本书从策划到最后完成承蒙欧姆社开发局各位的鼎力支持。在此，谨呈上深深的谢意。

笔 者 代表

渕上 美喜

上田 和明

阅读前

■ 家居中心的开店计划

打算开一个家居中心。那么为了给更多的顾客营造一个惬意的购物环境，应该做成一个怎样的店铺呢？

首先想到店铺本身固然重要，但其附带的服务设施更关键。

接下来想想顾客喜欢什么样的服务设施呢？例如：

① 药店和书店，哪个好呢？

② 洗车中心和美容美发店，哪个好呢？

③ 银行和邮局，哪个好呢？

④ 咖啡店和家族餐厅，哪个好呢？

如果要同时调查上面 4 种设施的必要性（重要度），该怎么做好呢？

■ 有解决对策吗？

我可以断言，最合适的对策是“使用试验设计法”。

这点在前言中也提到过，在这里我想强调的是，试验设计法不仅在理科领域，而且在营业、策划和营销等领域也很有用。也许您要问，营业中的“试验”是什么？这里的“试验”是广义上的试验，可以把它理解成“调查”。

■ 开展问卷调查

现在我们回到开头部分的问题。

在 L_8 正交表(参照本文)的基础上，以“您认为什么设施最适合家居中心？”为主题，制作包含 8 组调查项目的问卷，并由 17 名顾客评价。

由 8 组调查项目构成的问卷及其回答结果如表 0.1 所示。回答数据从 17 个人的回答结果中取平均值。

表 0.1　调查问卷及其结果

No.	设施	服务设施 1	服务设施 2	服务设施 3	喜欢购物的人的回答
1	药店	洗车中心	银行	咖啡店	4.7
2	药店	洗车中心	邮局	家族餐厅	6.2
3	药店	美容美发店	银行	家族餐厅	6.2
4	药店	美容美发店	邮局	咖啡店	5.3
5	书店	洗车中心	银行	家族餐厅	5.9
6	书店	洗车中心	邮局	咖啡店	5.0
7	书店	美容美发店	银行	咖啡店	6.2
8	书店	美容美发店	邮局	家族餐厅	8.2

注：表的读法：比如，第一行中将店铺“药店”、服务设施 1“洗车中心”、服务设施 2“银行”、服务设施 3“咖啡店”组合在一起，喜欢的人填 10，不知道的填 5，不喜欢的填 0，17 个人回答后的平均值是 4.7。

■ 知道了什么最重要

利用回归分析法求出重要程度，得出如图 0.1 的结果。

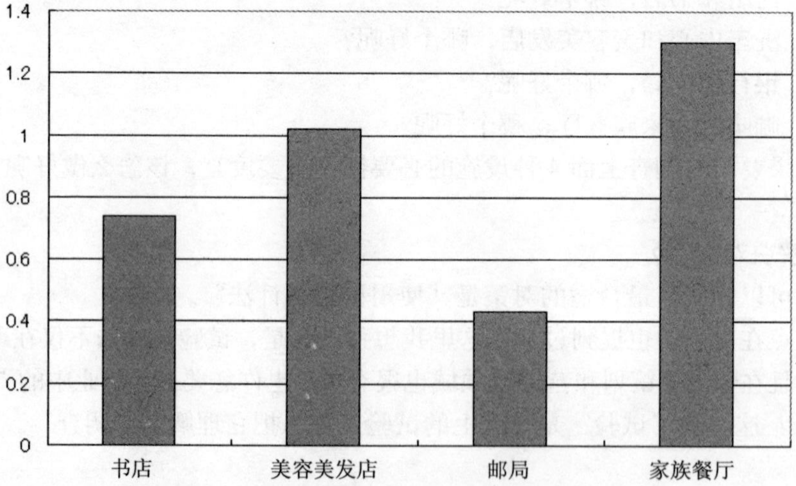

图 0.1　家居中心附带服务设施的重要程度

家居中心附带服务设施的重要程度从高往低为“家族餐厅”、“美容美发店”、“书店”和“邮局”。

这次调查问卷含有 4 个项目设施，各项目有两种内容（又叫 2 个水平）。在这种情况下，通常需要把所有的 $2^4=16$ 对组合都加入问卷中。而如果使用试验设计法的话，只要其一半，即 8 对组合即可。

试验设计法的优点在于减少调查次数。也就是说，能够节约时间。

比如，某问卷有 7 个项目，每个项目的内容有 3 个水平，如果要做一个全面的调查问卷，将要设置 $3^7 = 2187$ 个问题。而使用正交表，只需设置 18 个问题即可。而且正交表性能好，能得出高质量的信息。

试验设计法是一种“用最少的试验次数（或者调查项目）获得最多的信息”的统计方法。

■ 适用范围

试验设计法的适用范围很广，以下是笔者经常碰到的事例。虽然事例有大有小，但从这些例子我们可以认识到，试验设计法适用于各种行业。

- 问卷的设计与解析。
- 店铺实验（POS 数据的解析、货架的陈列策划、开店策划、促销活动）。
- 邮购商品目录的策划。
- 旅行计划的策划。
- 畅销书籍的策划。
- 畅销金融商品的策划。
- 自动呼叫系统的效果测定。

■ 用 Excel 解析试验设计法的数据

虽说试验设计法适用于营业、策划和营销领域，但具体到职业也仅仅是营销师等少数职业。通常很多人都不知道这种方法，即使知道也未使用过。为什么试验设计法尚未登上群众舞台呢？

重复上述原因，主要原因是试验设计法太难，需要解析，为了解析我们还得购买专业的程序并学习程序的使用方法。而想达到熟练使用的目的，更得经历不少考验、花费不少时间。那有没有更好的办法呢？

答案就是 Excel。笔者们在研究活动里介绍了使用 Excel 可以简单地解析试验设计法。Excel 工具极其常见，大部分人都知道其基本使用方法。

本书将会通过营业、策划、营销等方面的实例对试验设计法进行简明易懂的解释说明。同时，也将介绍如何使用 Excel 的分析工具实现简单地解析。

本书的目的就是希望读者能理解并掌握以下 3 点。

① 试验设计法也能在营业、策划、营销领域起作用。

② 试验设计法可按照方差分析的思路，通过 Excel 可以很容易地实现。

③ 利用营业、策划、营销领域中具有实战性的试验设计实例，学习并掌握诸多调查及分析的方法。

虽说笔者们花了一年多的时间才掌握试验设计法，但读者们，只要你们实际操作 Excel，每章花两天时间去学习，估计一个月就能学会了。

---

1) Excel 是 Microsoft 公司的注册商标。

2) 本书基本是基于 Excel2003，功能与 Excel 95 之后的版本一样。

3) 本书各章所介绍的 Excel 文件及试验设计法程序（①轻轻松松分配表格（らくらく割付シート），② anoval17）可从以下网站免费下载（网址：http://www.ohmsha.co.jp/）。另外，附录中尚未介绍到的 69 种方差分析表的程序 anova69 可从上田 data-mining 塾购买（购买方法请参考 P219）。

目　录

第1章 因子设计

您知道试验设计法、因子设计法吗？或者只是听说过其名称，但没有实际使用过？

在本章中，我们将通过某店铺的具体实例，对因子设计的定义和目的、因子设计中要使用到的“方差分析”方法进行解说。

另外，我们会在第 8 章中详细解说试验设计法。

1.1 某店铺试验

店铺试验可以帮助您轻松地把握因子设计的概念。所谓店铺试验，就是在某个特定的店铺或者卖场进行调查、分析，找出促进营业额增长的因子的试验。

在试验开始之前，首先得定义我们关注的数据 y。在这里，我们把营业额看作 y。接下来，考虑可能影响营业额 y 增减的因子。此时，我们考虑到有 A 和 B 两个因子。

在这里，因子 A 的 A_1，A_2，A_3 称为水平。A_1，A_2，A_3 分别为 A 的第 1 水平、第 2 水平、第 3 水平。同样，B_1 是 B 的第 1 水平，B_2 是 B 的第 2 水平。整理后如表 1.1 所示。

表 1.1　因子和水平

因　子	标　准
A= 宣传单的内容	A_1 ＝无
	A_2 ＝普通
	A_3 ＝超热销商品
B= 电话告知	B_1 ＝无
	B_2 ＝有

像这样确定因子的过程就叫“设计因子”。

以 A，B 各自的水平为试验条件收集营业额 y 的数据。通过解析这些数据，调查影响营业额 y 增减的因子到底是 A 和 B，还是只有 A 或只有 B。一旦确定影响营业额增减的因子，我们就知道应该采取什么具体的措施来提高营业额。

这种设计因子并观察所选因子对数据有无效果的方法叫做因子设计（法）。

这次试验中，我们把电话告知的有无（B_1 ＝无，B_2 ＝有）与宣传单的内容（A_1 ＝没有，A_2 ＝普通，A_3 ＝超热销商品）组合，得到 6 组试验，如表 1.2 所示。

然后，我们对这些数据进行解析，如表 1.3 所示。

首先，绘制营业额 y 图。

解析数据的基本就是作图。在本例中，我们建议先在行和列里按条件输入数据（也叫“交叉表”），如图 1.1 所示，然后描绘折线图。

表 1.2 试验内容、结果

No.A =宣传单的内容	B =有无电话告知
1 A_1 = 无	B_1 = 无
2 A_2 = 普通	B_1 = 无
3 A_3 = 超热销商品	B_1 = 无
4 A_1 = 无	B_2 = 有
5 A_2 = 普通	B_2 = 有
6 A_3 = 超热销商品	B_2 = 有

注：在各列中标出实验 No. 及对应的试验条件，这样的表就叫设计列表。

表 1.3 数据（营业额 y 的单位省略）

No.A =宣传单的内容	B =有无电话告知	营业额 y
1 A_1 = 无	B_1 = 无	5.0
2 A_2 = 普通	B_1 = 无	5.2
3 A_3 = 超热销商品	B_1 = 无	5.4
4 A_1 = 无	B_2 = 有	5.8
5 A_2 = 普通	B_2 = 有	5.9
6 A_3 = 超热销商品	B_2 = 有	6.2

		有无电话告知	
	营业额	无	有
宣传单	无	5.0	5.8
	普通	5.2	5.9
	超热销商品	5.4	6.2

图 1.1 因子设计和结果

用 Excel 描绘折线图时，选择图 1.1 粗线所标的单元格，再单击按钮（或者从“菜单”→“插入”→单击“图表”），启动“图表向导”，如图 1.2 的对话框所示，在出现的对话框中选择“折线图”。

按下“确定”键，作成图 1.3（a）。而图 1.3（b）设定好了图的选项，便于理解。

通过观察图 1.3，可知因子 A，B 都对营业额有影响，并知道提高营业额的最重要条件是超热销商品的宣传单和有电话告知。

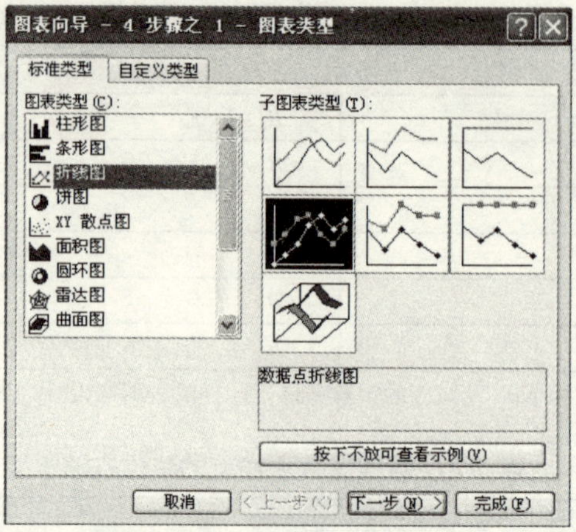

图 1.2　绘制折线图的对话框

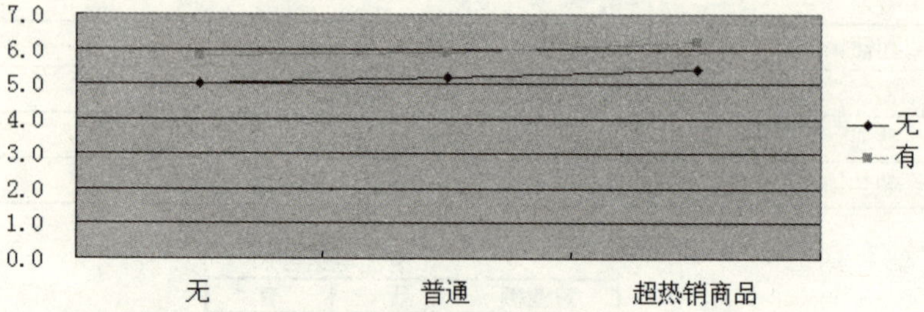

(a)

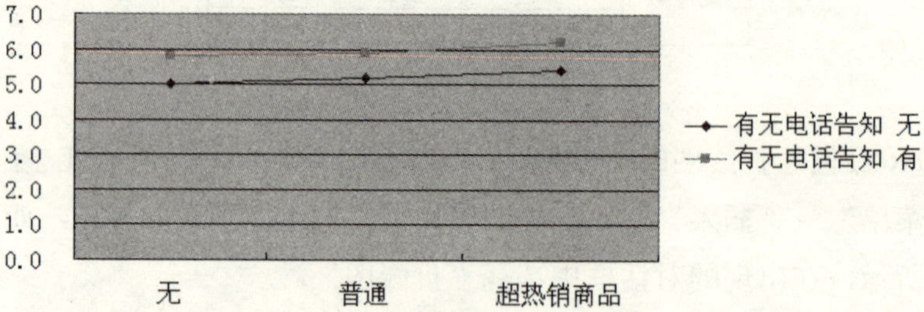

(b)

图 1.3　因子效果折线图

注：像这样表示因子效果的图就叫因子效果图。

1.2 统计学解析

从统计学判断角度来讲，仅凭图 1.3 并不能得出有意义的结果。只有通过统计学解析，定量地说明“因子有明显效果”才有说服力。

您也许会觉得，像这次只有两个因子的简单事例，用不着这么做。但是，当因子非常多时，统计学判断对于找出起作用的因子必不可少。

接下来，我们试着对这些数据进行统计分析。我们可以用方差分析方法，也可以通过 Excel 的分析工具来简单实现。

使用 Excel 的分析工具之前，先要设置一下加载宏。从 Excel 的菜单选择“工具”→单击“加载宏”，出现如图 1.4 所示的对话框。选中列表最下端的“分析工具库”和“分析工具库 -VBA 函数”，单击“确定”按钮，这样“分析工具”和“分析工具 -VBA 函数”就可以使用了。此时，有可能需要 Microsoft Office 或者 Microsoft Excel 的 CD-ROM。

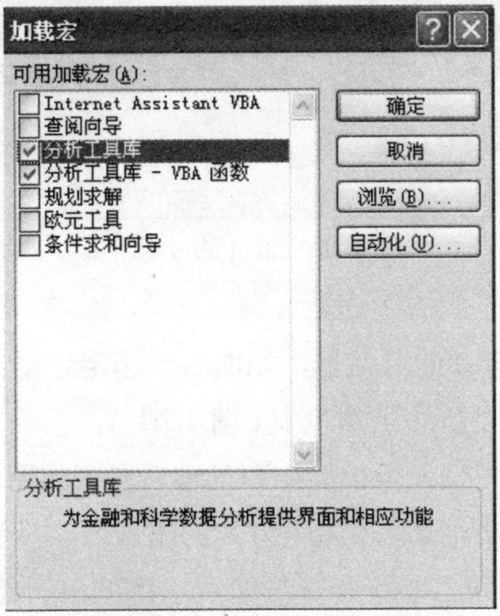

图 1.4 Excel 加载宏的设置

设置好加载宏后，再一次从菜单中单击“工具”，在弹出的菜单最下面会出现“数据分析”，如图 1.5 所示。

单击“数据分析”，得到如图 1.6 所示的对话框。

我们从出现的对话框中单击“方差分析：无重复双因素分析”，再单击“确定”按钮。

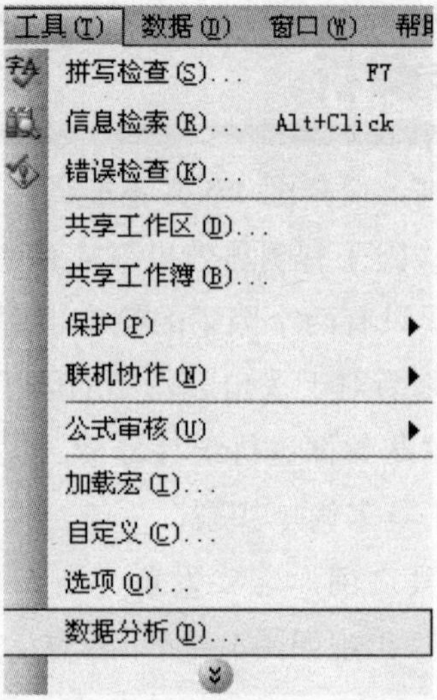

图 1.5　“数据分析”菜单

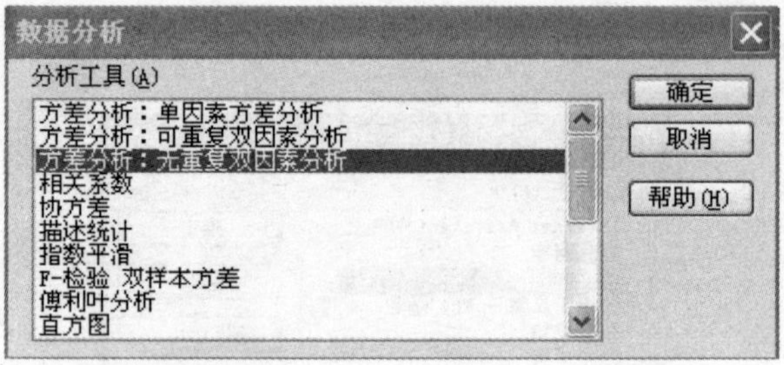

图 1.6　Excel 的分析工具

注：电脑系统中自带名称为“因素分析”，此处“因素”与文中“因子”同义。— 译者注

此时会出现图 1.7(a) 的对话框，如图所示选定数据范围并单击“确定”按钮，执行结果会显示在新的工作表中 (图 1.7(b))。

为了方便查看，将公式及小数位数处理后得到如图 1.8 所示的结果（以后分析工具所得出的分析结果将采用图 1.8 的格式）。

所显示结果的下方“方差分析”即所求得的解析结果。在方差分析表里得出了很多数据，我们首先要关注一下其中的“P-Value”，即 P 值。

在统计学分析中，使用概率来判断一个因子有没有效果。我们先假设该因子完全没有效果（这纯属偶然，数据是随机的），计算该情况出现的概率是多少。如果该概率很小，说明这不是一个偶然的现象，也就可以判断“该因子有影响”。该概率就是表中 P 值的数值。

图 1.8 中“差异源”这一行所对应的 P 值为 0.02，表示此行所示因

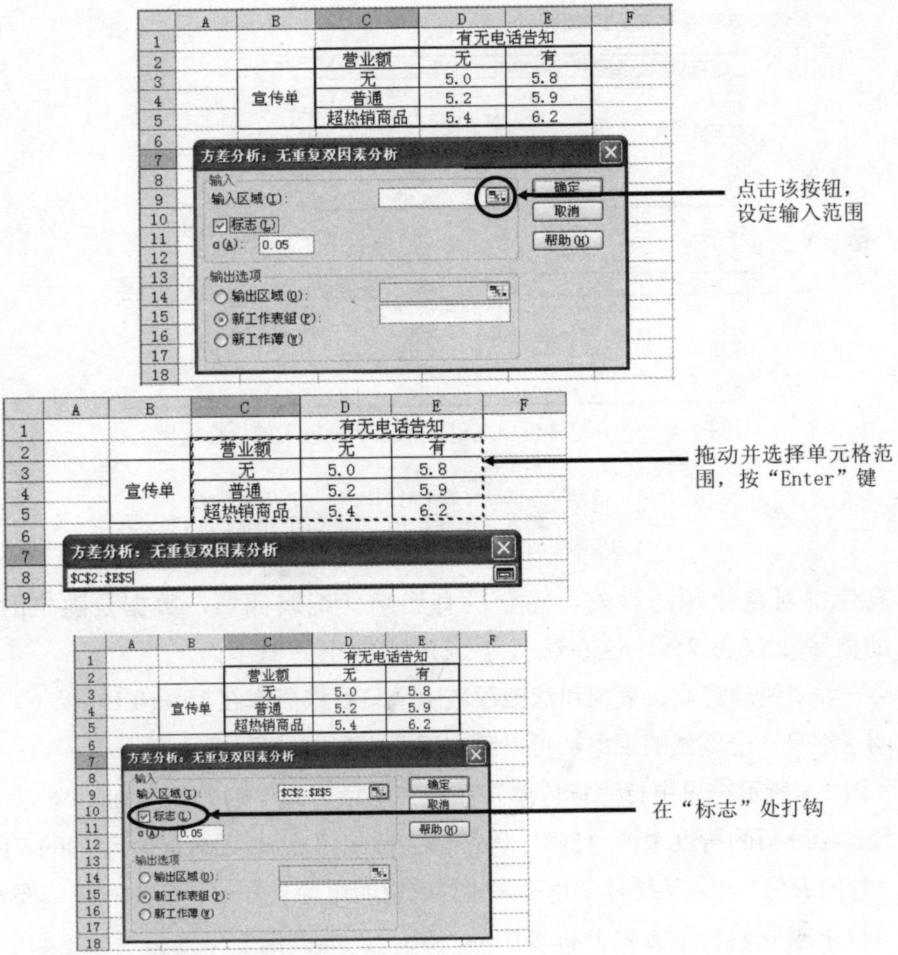

(a)

方差分析：无重复双因素分析

SUMMARY	观测数	求和	平均	方差
无	2	10.8	5.4	0.32
普通	2	11.1	5.55	0.245
超热销商品	2	11.6	5.8	0.32
无	3	15.6	5.2	0.04
有	3	17.9	5.966667	0.043333

方差分析

差异源	SS	df	MS	F	P-value	F crit
行	0.163333	2	0.081667	49	0.02	19
列	0.881667	1	0.881667	529	0.001885	18.51282
误差	0.003333	2	0.001667			
总计	1.048333	5				

(b)

图 1.7 方差分析的输入画面

方差分析：无重复双因素分析

SUMMARY	观测数	求和	平均	方差
无	2	10.8	5.4	0.32
普通	2	11.1	5.55	0.245
超热销商品	2	11.6	5.8	0.32
无	3	15.6	5.2	0.04
有	3	17.9	5.97	0.043

方差分析

差异源	SS	df	MS	F	P-value	F crit
行	0.163	2	0.0817	49	0.020	19.00
列	0.882	1	0.8817	529	0.002	18.51
误差	0.003	2	0.0017			
总计	1.048	5				

图1.8 “方差分析：无重复双因子分析”的执行结果

注：行指宣传单，列指电话告知。
P值是指因子完全没有效果时的概率。P值越小说明因子的影响越大。在本书中，若P值在15%以下，则认为该因子对结果有效果。P值也叫危险概率。

子宣传单对营业额的影响，完全没有影响（纯属偶然，数据是随机的）时的概率仅仅为2%。这在统计学上是非常小的概率。

一般来说，营业、策划和营销领域中，只要该概率在15%(0.15)以下，就说明这不是一个偶然的现象，可以断定因子会影响结果。

图1.8所示结果中行“宣传单”和列“电话告知”的P值均在15%以下，从统计学分析的角度来说，任何一因子都会影响营业额。另外，由于“列的P值”比“行的P值”小，从统计学角度来说，这说明电话告知的影响比宣传单要大。

接下来我们看下方差分析表中的“SS”，即“偏差平方和”。正如字面意思所示，偏差表示数据受因子影响的“偏差大小”。通过比较偏差值，可以简单地判断因子影响的大小。

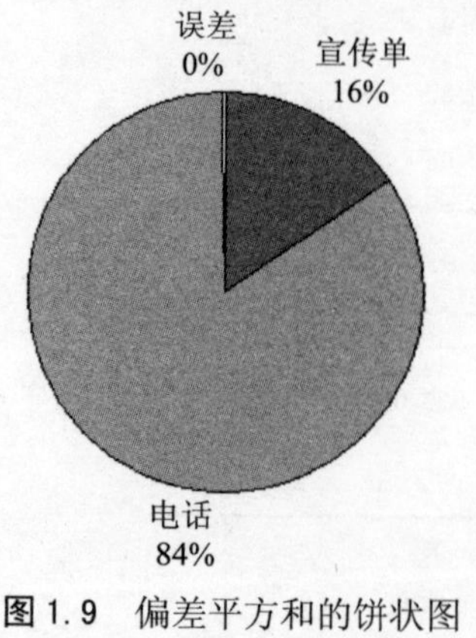

图1.9 偏差平方和的饼状图

按因子类别将偏差平方和的大小用饼状图表示，如图1.9所示。从图中可知，电话告知的偏差平方和是宣传单的5倍以上。

利用方差分析，通过明确的统计数据，表1.2中原本模糊的因子影响变得一目了然。像这样，让结果富有说服力，正是因子设计的目的所在。

1.3 削减试验次数（调查项目数）

如表 1.2 中设计列表所示，3 水平和 2 水平的因子组合，试验次数共 6 次。该因子设计中，对因子和水平的所有组合都进行了试验。然而随着因子和水平数的增加，试验次数必然大幅度增加。

随着因子、水平数量增加，试验次数如表 1.4 所示。例如，7 个 3 水平的因子，所需要的试验次数竟然超过了 2000 次。

表 1.4 水平数增加后因子的试验次数

		水平数		
		2	3	4
因子数	1	2	3	4
	2	4	9	16
	3	8	27	64
	4	16	81	256
	5	32	243	1024
	6	64	729	4096
	7	128	2187	16384

↑

7 个 3 水平因子的试验次数

当然随着试验内容不同，试验次数也会有所不同，但通常情况下要实施这么多次的试验和调查是非常困难的。如果这里的试验次数是指调查问卷的调查项目数，那将是一个不现实的数字。

为了减少试验次数，因子设计时应该采用拉丁方阵及正交表。试验设计法就是使用正交表的因子设计（本书中将试验设计法狭义地定义为使用正交表的因子设计）。

关于正交表我们会在第 8 章中详细解说，表 1.5、表 1.6 表示使用正交表时的试验次数。表 1.5 表示所有因子的水平数为 2 时使用正交表所需要的因子数和试验次数。在表 1.4 中，2 水平的 7 个因子需要 128 次试验，使用正交表只要 8 次试验。

表 1.6 表示混合系 L_{12},L_{18} 正交表的因子数和试验次数。在表 1.4 中，3 水平的 7 个因子需要试验 2187 次，而使用正交表 L_{18} 就只要 18 次试验。

表 1.5　2 水平正交表的试验次数

种　类	正交表	因子数	次　数
2 水平系	L_4	3	4
	L_8	7	8
	L_{16}	15	16

注：正交表的标示符号 L 的下标表示试验次数。

表 1.6　混合系正交表的试验次数

种　类	正交表	因子数	次　数
混合系	L_{12}	2 水平的因子 11 个	12
	L_{18}	2 水平的因子 1 个 3 水平的因子 7 个	18

注：正交表的标示符号 L 的下标表示试验次数。

像这样，通过使用正交表等因子设计可以大幅度减少试验次数及调查项目。也就是说，以最少的信息来有效地调查是什么因子影响着我们所关注的数据。这种因子设计可以有效地运用到营业、策划及营销领域的调查中。

1.4 练习题

一边进餐，一边欣赏夜景，神户、长崎、函馆哪个地方好？日餐和西餐你喜欢哪个？表 1.7 是某调查问卷的结果。满分 10 分，请对 10 位女性的评价分数求平均值。

表 1.7 夜景和餐饮组合的满意度

		餐饮	
		日餐	西餐
夜景	神户	8.5	9.2
	长崎	7.4	8.1
	函馆	7.2	7.8

请操作以下步骤。

① 绘制折线图，并观察因子的效果。

② 利用 Excel 的分析工具得出方差分析表，通过 P 值判断夜景的场所及餐饮的种类对满意度的影响。

③ 根据方差分析表的偏差平方和绘制饼状图，并观察因子影响的大小。

参考答案

① 折线图如图 1.10 所示。

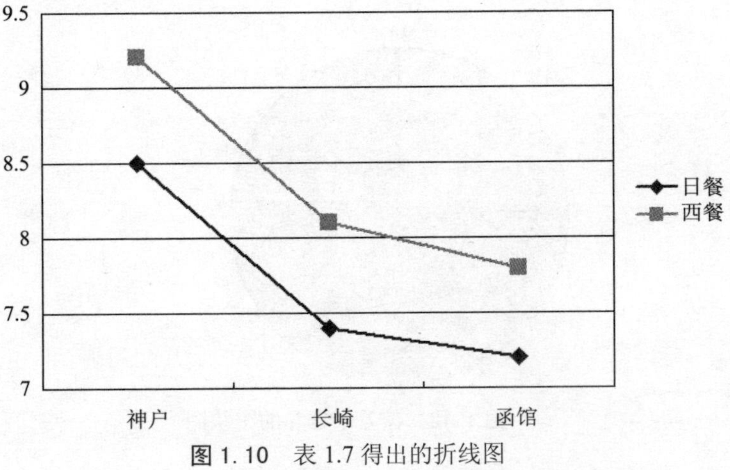

图 1.10 表 1.7 得出的折线图

餐饮和夜景都对满意度有影响。一边欣赏夜景、一边享用西餐的满意度最高。

② 方差分析表如图 1.11 所示。

方差分析：无重复双因素分析

SUMMARY	观测数	求和	平均	方差
神户	2	17.7	8.85	0.245
长崎	2	15.5	7.75	0.245
函馆	2	15	7.5	0.18
日餐	3	23.1	7.7	0.49
西餐	3	25.1	8.367	0.543

方差分析

差异源	SS	df	MS	F	P-value	F crit
行	2.063	2	1.032	619	0.0016	19.00
列	0.667	1	0.667	400	0.0025	18.51
误差	0.003	2	0.002			
总计	2.733	5				

图 1.11　方差分析表

夜景的 P 值为 0.16%，餐饮的 P 值为 0.25%，均低于 15%，因此两个因子都对满意度有影响。

③ 偏差平方和的饼状图如图 1.12 所示。

偏差平方和中夜景占 76%，餐饮占 24%，夜景的影响大，是餐饮的 3 倍。我们得出一个有意思的结论，即对女性来说，夜景比餐饮更重要。

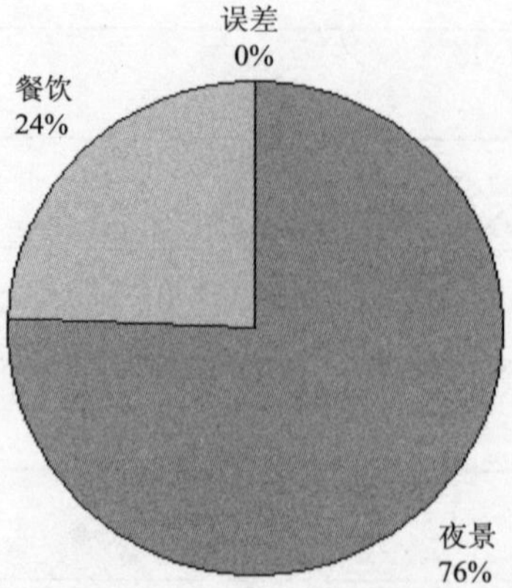

图 1.12　偏差平方和的饼状图

总 结

● 为了明确影响营业额等数据的因子是什么，我们选定一些想得到的因子，并确定它们的水平（项目中的选项），这样一个过程叫作“设计因子”。

● 设计好因子后，观察所选因子对数据有没有影响，这种方法叫“因子设计法”。

● 因子设计的目的是从统计学角度判定所选因子的效果。

● 因子设计使用方差分析法实现统计学判断。

● 随着因子、水平的增多，试验次数和调查项目数会变得庞大，因此在因子设计中使用“正交表”等来减少试验次数和调查项目数量。

● 使用正交表的因子设计叫作“试验设计法”。

参考文献

1. 渕上美喜、上田太一郎、古谷都紀子『実践ワークショップ　Excel 徹底活用　ビジネスデータ分析』、秀和システム
2. 広瀬健一、上田太一郎『Excel でできるタグチメソッド解析法入門』、同友館
3. 上田太一郎、小林真紀、渕上美喜『Excel で学ぶ回帰分析入門』、オーム社
4. 上田太一郎『Excel でできるデータマイニング演習』、同友館

第2章 方差分析

在第1章中，我们使用 Excel 的分析工具制作方差分析表，并从统计学角度判断因子有没有效果。本章将继续详细介绍该方差分析的内容。

2.1　单因子的方差分析

在第 1 章的店铺事例中，我们得出方差分析表，通过概率 P 值来判断因子有没有效果。由于求该概率时需要用到“方差”，因此我们称这种分析方法为“方差分析”。

首先通过只有 1 个因子的事例来认识方差分析。只有 1 个因子的因子设计叫作“单因子设计法”或者“单因子方差分析”。

表 2.1 中是 A，B，C，D 4 个人对函馆、神户、长崎、横滨、东京夜景的评价。满分 10 分，以下是每个人的评分。

表 2.1　夜景评价

	A	B	C	D
函　馆	8	5	7	8
神　户	8	6	7	6
长　崎	7	6	6	5
横　滨	7	5	7	6
东　京	5	4	5	5

这个因子设计中，有函馆、神户、长崎、横滨、东京 5 个水平，夜景场所 1 个因子。首先绘制因子效果的折线图（图 2.1）。

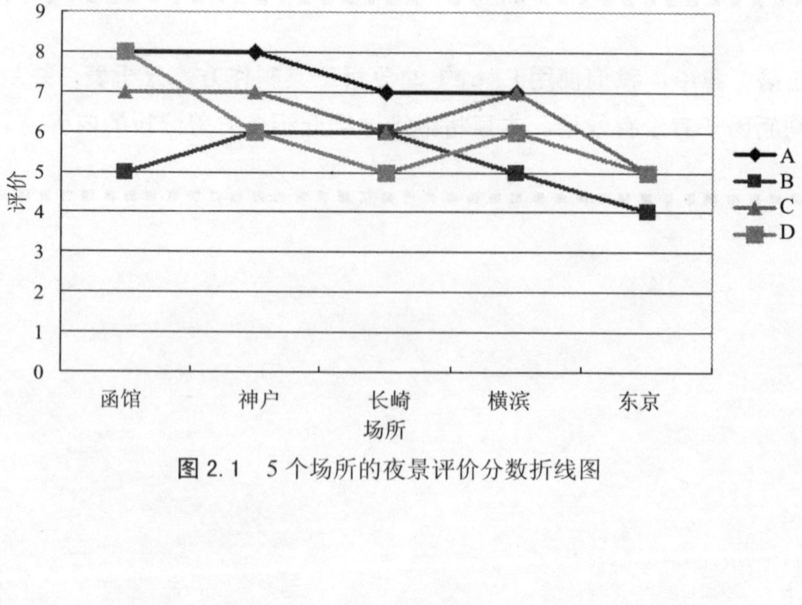

图 2.1　5 个场所的夜景评价分数折线图

函馆、神户的评价良好，东京最低。使用 Excel 的分析工具对表 2.1 中的数据进行方差分析。当因子仅为 1 个的时候，使用数据分析 “方差分析：单因素方差分析”。

从 Excel 的菜单“工具”→单击“数据分析”，从出现的对话框中选择“方差分析：单因素方差分析”，再单击“确定”按钮（图 2.2）。

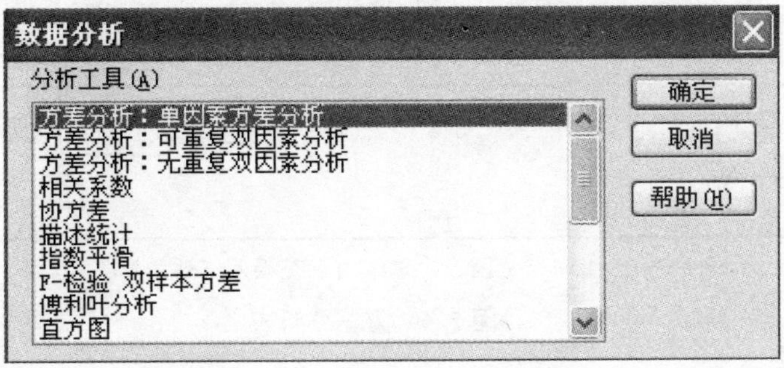

图 2.2　方差分析、单因子方差分析

在出现的对话框（图 2.3）中输入范围，单击“确定”按钮，就作成了方差分析表，如图 2.4 所示。

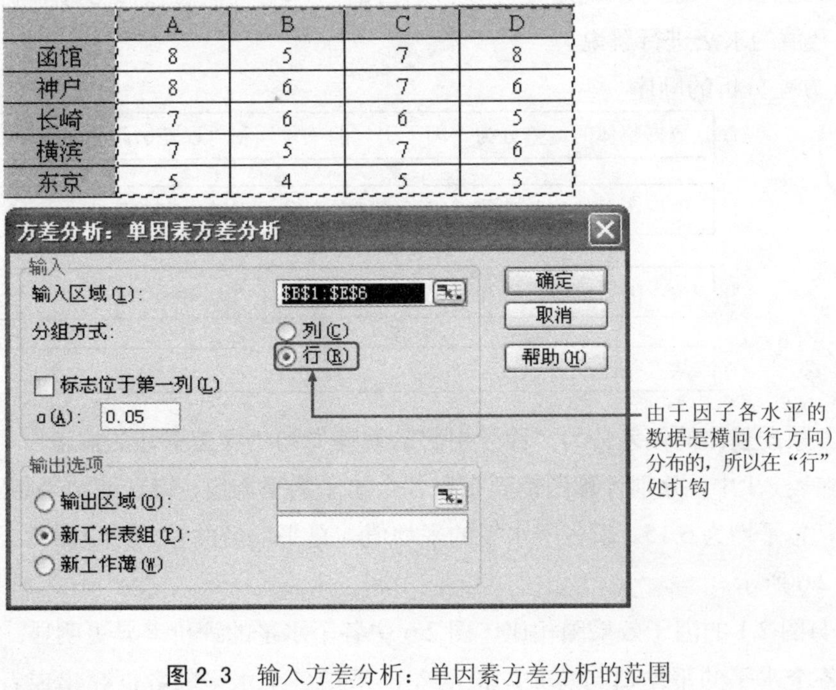

图 2.3　输入方差分析：单因素方差分析的范围

方差分析：单因素方差分析

SUMMARY

组	观测数	求和	平均	方差
函馆	4	28	7	2
神户	4	27	6.75	0.916667
长崎	4	24	6	0.666667
横滨	4	25	6.25	0.916667
东京	4	19	4.75	0.25

方差分析

差异源	SS	df	MS	F	P-value	F crit
组间	12.3	4	3.075	3.236842	0.042061	3.055568
组内	14.25	15	0.95			
总计	26.55	19				

“组间”是因子，“组内”是误差（残差）

图 2.4　方差分析表

在方差分析表中，因子“组间”的 P 值是 0.042061，低于 15%，故可以判断该因子有效果。也就是说，场所的不同会导致对夜景的评价有差异。

方差分析按照以下步骤作成方差分析表。

像这样求 P 值可以说是方差分析的目的。以下我们将按照方差分析的顺序对 P 值的求法进行解说。

方差分析的顺序

① 数据整体的偏差分为“因子引起的偏差”和“误差引起的偏差”

▼

② 根据各自的偏差计算“因子的方差”和“误差的方差”

▼

③ 求“因子的方差”和“误差的方差”比（“方差比”）

▼

④ 从方差比求 P 值

①数据整体的偏差分为“因子引起的偏差”和“误差引起的偏差”

在表 2.1 中，分别计算函馆到东京各个水平的平均值，得到的结果如图 2.5 所示，总平均为 6.15。求各个水平的平均值与总平均值的差，并绘制折线图，如图 2.6 所示。

与图 2.1 的因子效果图相比，图 2.6 中各个水平的评价差异更明显。

各个水平的平均值与总平均值的差，是指各个水平的数据超出或者低于总平均值的量。例如，函馆的平均值 7 与总平均 6.15 之间相差 0.85，也就可以认为，函馆的数据相对于总平均值 6.15 只超出 0.85。同样地，东京的平均值 4.75 与总平均值 6.15 的差为 -1.4, 即东京的数据相对于总平均值 6.15 低 1.4。

数据	A	B	C	D	平均值	与总平均值的差
函馆	8	5	7	8	7	0.85
神户	8	6	7	6	6.75	0.6
长崎	7	6	6	5	6	-0.15
横滨	7	5	7	6	6.25	0.1
东京	5	4	5	5	4.75	-1.4
				总平均值	6.15	

图 2.5　各个水平的平均值与总平均值的差

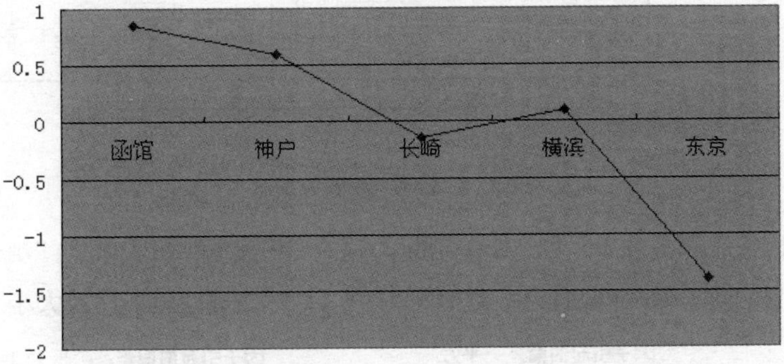

图 2.6　各个水平的平均值与总平均值的差

那么，A 对函馆的评价数据 8，是由总平均 6.15 加 0.85 后，各水平的平均值加上数据误差 1 得出来的结果。

A 对函馆的评价 8 ＝总平均值 6.15+ 函馆平均值与总平均值的差 0.85+1

同样 D 对东京的评价 5 是由总平均值减去 1.4 后加上 0.25 得出来的数据。

D 对函馆的评价 5 ＝总平均值 6.15+ 函馆平均值与总平均值的差 -1.4 +0.25

通过上面的例子可知方差分析的思路是分解数据。我们把因子各水平的平均值与总平均值之间的差定义为“因子引起的偏差”，与数据之间的差定义为“误差引起的偏差”。

用一般的公式来描述该关系：

数据 ＝总平均值 + 因子引起的偏差 + 误差引起的偏差

把该公式用数据来表示，如图 2.7 所示。

在这里，如果“因子引起的偏差”比“误差引起的偏差”大很多，就可以说因子有效果，这就是方差分析的思考方法。那么只要把“因子引起的偏差”

和“误差引起的偏差”分别求和之后再比较就可以。但事情并不是这么简单，因为把图 2.7 的数据分别求和后均为零，无法对比。由于这些数据是以总平均值为基准分解的，求和之后与总平均值的差自然就为零了。

数据

8	5	7	8
8	6	7	6
7	6	6	5
7	5	7	6
5	4	5	5

=

总平均值

6.15	6.15	6.15	6.15
6.15	6.15	6.15	6.15
6.15	6.15	6.15	6.15
6.15	6.15	6.15	6.15
6.15	6.15	6.15	6.15

+

因子引起的偏差

0.85	0.85	0.85	0.85
0.60	0.60	0.60	0.60
-0.15	-0.15	-0.15	-0.15
0.10	0.10	0.10	0.10
-1.40	-1.40	-1.40	-1.40

+

误差引起的偏差

1.00	-2.00	0.00	1.00
1.25	-0.75	0.25	-0.75
1.00	0.00	0.00	-1.00
0.75	-1.25	0.75	-0.25
0.25	-0.75	0.25	0.25

分别将“□”中的数据求和后均为0

图 2.7　数据分解

“因子引起的偏差”和“误差引起的偏差”的数据中都夹杂“+”，“-”符号，为了使它们的符号相同，将这些数据平方，然后分别求和，就能比较大小了(图2.8)。

因子引起的偏差　平方

0.85	0.85	0.85	0.85
0.60	0.60	0.60	0.60
-0.15	-0.15	-0.15	-0.15
0.10	0.10	0.10	0.10
-1.40	-1.40	-1.40	-1.40

=

因子引起的偏差：求和 12.3

0.7225	0.7225	0.7225	0.7225
0.36	0.36	0.36	0.36
0.0225	0.0225	0.0225	0.0225
0.01	0.01	0.01	0.01
1.96	1.96	1.96	1.96

误差引起的偏差　平方

1.00	-2.00	0.00	1.00
1.25	-0.75	0.25	-0.75
1.00	0.00	0.00	-1.00
0.75	-1.25	0.75	-0.25
0.25	-0.75	0.25	0.25

=

误差引起的偏差：求和 14.25

1	4	0	1
1.5625	0.5625	0.0625	0.5625
1	0	0	1
0.5625	1.5625	0.5625	0.0625
0.0625	0.5625	0.0625	0.0625

图 2.8　“因子引起的偏差”和“误差引起的偏差”的平方

这个平方值也叫“偏差平方和”，分别对因子的偏差平方和、误差的偏差平方和求和，得到 12.3 和 14.25。这与图 2.4 的方差分析表中“组间”和“组内”计算出的偏差平方和一致（图 2.9）。

方差分析

差异源	SS	df	MS	F	P-value	F crit
组间	12.3	4	3.075	3.236842	0.042061	3.055568
组内	14.25	15	0.95			
总计	26.55	19				

图 2.9　方差分析表（图 2.4 的一部分）

因子的偏差平方和 12.3 与误差的偏差平方和 14.25 之和为 26.55，与方差分析表中的偏差平方和一致。这等于整体的偏差平方和，即等于所有数据与总平均值之差的平方和。

偏差	A	B	C	D
函馆	1.85	-1.15	0.85	1.85
神户	1.85	-0.15	0.85	-0.15
长崎	0.85	-0.15	-0.15	-1.15
横滨	0.85	-1.15	0.85	-0.15
东京	-1.15	-2.15	-1.15	-1.15

图 2.10 全部数据与总平均值的差

注：与平均值的差叫做“偏差”。

总偏差	A	B	C	D
函馆	3.4225	1.3225	0.7225	3.4225
神户	3.4225	0.0225	0.7225	0.0225
长崎	0.7225	0.0225	0.0225	1.3225
横滨	0.7225	1.3225	0.7225	0.0225
东京	1.3225	4.6225	1.3225	1.3225

总和

总偏差
26.55

图 2.11 图 2.10 的数据平方

注：数据整体的偏差平方和叫做“总偏差平方和”。

②利用偏差平方和分别求“因子的方差”和“误差的方差”

数据越多，偏差值越大，这不利于统计学比较。因此在比较前我们要消除数据量的影响。通常的做法是将数据除以数据个数，求每个数据的数值。但是，由于偏差平方和的统计学性质，除数需要用“数据量 -1”即自由度而不是原数据量。用自由度除偏差平方和所得的数值就叫方差（图 2.12）。

方差分析

差异源	SS	df	MS	F	P-value	F crit
组间	12.3	÷4	=3.075	3.237	0.042	3.056
组内	14.25	÷15	=0.95			
总计	26.55	19				

图 2.12 方差的计算过程（图 2.4 的一部分）

对因子的自由度来说，数据量就是因子的水平数，该例中

因子的自由度＝数据量 -1 ＝ 5-1 ＝ 4

因此因子的方差为

因子的方差 ＝ 因子的偏差平方和 / 自由度＝ 12.3/4 ＝ 3.075

误差的自由度可通过数据整体的自由度减去因子的自由度来求出。

误差的自由度＝数据整体的自由度－因子的自由度

＝（全部数据量 -1）－因子的自由度

＝（20－1）－4＝19－4＝15

因此误差的方差为

误差的方差＝误差的偏差平方和 / 误差的自由度

＝14.25/15＝0.95

③比较“因子的方差”和“误差的方差”的大小（求方差比）

对同等的方差求比，该方差比遵循一种叫 F 分布的统计分布。在这里，关于 F 分布就不详细解说了。通过该分布，可以计算出某方差比的发生概率。该概率的值就是方差分析表中的 P 值。

要计算 P 值，应先求出因子的方差与误差的方差之间的方差比。

方差比＝因子的方差 / 误差的方差＝3.075/0.95＝3.237

④从方差比求 P 值

求出了方差比后，用 F 分布的公式可求得 P 值。当然，Excel 的分析工具会自动把它计算出来。我们只要判断其结果是高于还是低于 15% 就可以。

Excel 中有求 P 值的函数。在这里，包括该函数的使用方法在内，我们来介绍 P 值的计算方法。

我们通过 Excel 的 FDIST 函数、利用方差比来计算 P 值。在参数（输入函数的数字）中，分别输入方差比、因子及误差的自由度。方差比为 3.237，因子的自由度为 4，误差的自由度为 15，在 Excel 任意一个单元格里，输入如下公式

＝FDIST（3.237，4，15）

如图 2.13 所示，很容易就计算出来 P 值为 0.042。当然，该数据与图 2.4 方差分析表中的 P 值一致。

图 2.13　P 值

方差分析表的右端有 F(F 临界值) 的数据。该值表示 P 值为 5% 时的方差比。其实在因子设计发达的工业领域中，一般不使用本书 15% 这个判定值而

使用更为严格的判定值 5%。因此以前没有 Excel 这么便利的工具时，需要从数值表中找到该临界值，与求得的方差比进行比较，据此判定方差分析的结果。但是，如果能轻而易举地求出 P 值的话，这个数值就没有必要了。不过 Excel 仍然采取以前的形式来显示出该数据（图 2.14）。

方差分析

差异源	SS	df	MS	F	P-value	F crit
组间	12.3	4	3.075	3.237	0.042	3.056
组内	14.25	15	0.95			
总计	26.55	19				

图 2.14　方差分析表（图 2.4 的一部分）

按照上面的方法，可以通过方差分析求出 P 值，判断因子有没有效果。下一节我们将介绍 2 个因子的双因子设计法，虽然因子数有所增加，但是基本不变。求出各因子、误差的方差，再求出各自的方差比之后根据 P 值判断因子的影响。

2.2 双因子的方差分析

双因子的因子设计叫做“双因子设计法”或者“双因子方差分析”。接下来先看一下 2 个因子的夜景调查，并对其结果进行方差分析。

表 2.2 中，按季节类别就函馆、神户、横滨及东京的夜景向若干人进行问卷调查（满分 10 分），下面的数据是问卷调查结果的平均值。

表 2.2 季节类别的夜景评价

	春	夏	秋	冬
函馆	6.4	7.8	7.0	5.4
神户	7.9	6.1	7.6	6.2
长崎	6.6	5.1	7.2	6.1
横滨	6.9	5.8	6.9	4.6
东京	5.0	4.7	5.1	3.8

这个因子设计中有 2 个因子，分别是水平数为 5 的场所和水平数为 4 的季节。其因子效果图如折线图 2.15 所示。

从图 2.15 中可以看到，不论是场所还是季节，评价分数都不相同。使用 Excel 的分析工具“方差分析：无重复双因素等分析”进行分析，结果如图 2.16 所示。

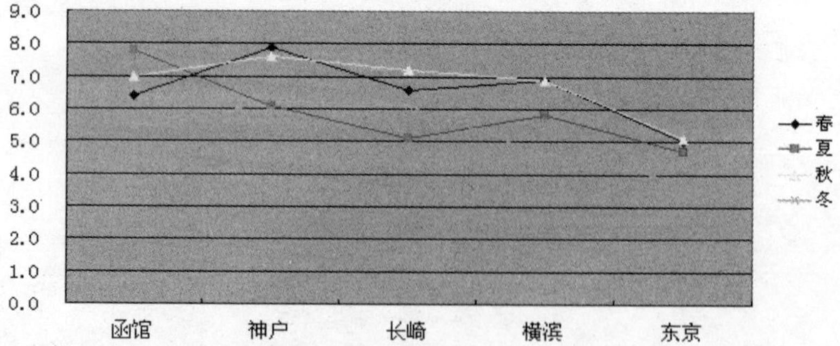

图 2.15 因子效果图

由于场所、季节的 P 值均低于 15%，因此任何一个因子都对评价分数有效果。

与单因子一样，该方差分析的思路是分解数据

数据＝总平均值＋因子引起的偏差＋误差引起的偏差

只是本例中“因子引起的偏差”可以分解为 2 个因子引起的偏差

方差分析：无重复双因子分析

SUMMARY	观测数	求和	平均	方差
函馆	4	26.6	6.65	1.023
神户	4	27.8	6.95	0.87
长崎	4	25	6.25	0.79
横滨	4	24.2	6.05	1.203
东京	4	18.6	4.65	0.35
春	5	32.8	6.56	1.093
夏	5	29.5	5.9	1.435
秋	5	33.8	6.76	0.933
冬	5	26.1	5.22	1.042

方差分析

差异源	SS	df	MS	F	P-value	F crit
行	12.608	4	3.152	6.999	0.0038	3.259
列	7.306	3	2.435	5.408	0.0138	3.49
误差	5.404	12	0.45			
总计	25.318	19				

行指场所，
列指季节

任何一个P值都在15%以下，因此季节、场所因子都有效果

图 2.16　方差分析结果

数据＝总平均值＋场所引起的偏差＋季节引起的偏差
＋误差引起的偏差

各因子引起的偏差与单因子（图 2.5）相同，即每个因子各个水平的平均值与总平均值的差，误差引起的偏差可以通过数据减去因子引起的偏差而求出（图 2.17）。

	春	夏	秋	冬	各平均值	与总平均值的差
函馆	6.4	7.8	7.0	5.4	6.65	0.54
神户	7.9	6.1	7.6	6.2	6.95	0.84
长崎	6.6	5.1	7.2	6.1	6.25	0.14
横滨	6.9	5.8	6.9	4.6	6.05	-0.06
东京	5.0	4.7	5.1	3.8	4.65	-1.46
各平均值	6.56	5.90	6.76	5.22		
与总平均值的差	0.45	-0.21	0.65	-0.89	总平均值	6.11

数据

6.4	7.8	7.0	5.4
7.9	6.1	7.6	6.2
6.6	5.1	7.2	6.1
6.9	5.8	6.9	4.6
5.0	4.7	5.1	3.8

＝

总平均值

6.11	6.11	6.11	6.11
6.11	6.11	6.11	6.11
6.11	6.11	6.11	6.11
6.11	6.11	6.11	6.11
6.11	6.11	6.11	6.11

＋

场所引起的偏差

0.54	0.54	0.54	0.54
0.84	0.84	0.84	0.84
0.14	0.14	0.14	0.14
-0.06	-0.06	-0.06	-0.06
-1.46	-1.46	-1.46	-1.46

季节引起的偏差

0.45	-0.21	0.65	-0.89
0.45	-0.21	0.65	-0.89
0.45	-0.21	0.65	-0.89
0.45	-0.21	0.65	-0.89
0.45	-0.21	0.65	-0.89

＋

误差引起的偏差

-0.70	1.36	-0.30	-0.36
0.50	-0.64	0.00	0.14
-0.10	-0.94	0.30	0.74
0.40	-0.04	0.20	-0.56
-0.10	0.26	-0.20	0.04

通过从数据减去总平均值、场所引起的偏差及季节引起的偏差求出。

图 2.17　各水平平均值与总平均值之差

场所、季节和误差的偏差平方和，可通过各自的偏差值平方和求出（图 2.18）。由各要素的平方之和求偏差平方和如下

场所的偏差平方和＝ 12.608

季节的偏差平方和＝ 7.306

误差的偏差平方和＝ 5.404

方差也和单因子相同，用自由度除偏差平方和即可求出。自由度分别为

场所的自由度＝水平数 -1 ＝ 5-1 ＝ 4

季节的自由度＝水平数 -1 ＝ 4-1 ＝ 3

误差的自由度＝（全部数据量的自由度－ 1）－场所的自由度

－季节的自由度

＝（20-1）－ 4 -3 ＝ 12

据此，求出各方差值

场所的方差＝场所的偏差平方和 / 场所的自由度

＝ 12.608/4 ＝ 3.152

场所引起的偏差

0.54	0.54	0.54	0.54
0.84	0.84	0.84	0.84
0.14	0.14	0.14	0.14
-0.06	-0.06	-0.06	-0.06
-1.46	-1.46	-1.46	-1.46

平方 =

场所引起的偏差：总和=12.608

0.2916	0.2916	0.2916	0.2916
0.7056	0.7056	0.7056	0.7056
0.0196	0.0196	0.0196	0.0196
0.0036	0.0036	0.0036	0.0036
2.1316	2.1316	2.1316	2.1316

季节引起的偏差

0.45	-0.21	0.65	-0.89
0.45	-0.21	0.65	-0.89
0.45	-0.21	0.65	-0.89
0.45	-0.21	0.65	-0.89
0.45	-0.21	0.65	-0.89

平方 =

季节引起的偏差：总和=7.306

0.2025	0.0441	0.4225	0.7921
0.2025	0.0441	0.4225	0.7921
0.2025	0.0441	0.4225	0.7921
0.2025	0.0441	0.4225	0.7921
0.2025	0.0441	0.4225	0.7921

误差引起的偏差

-0.70	1.36	-0.30	-0.36
0.50	-0.64	0.00	0.14
-0.10	-0.94	0.30	0.74
0.40	-0.04	0.20	-0.56
-0.10	0.26	-0.20	0.04

平方 =

误差引起的偏差：总和=5.404

0.4900	1.8496	0.0900	0.1296
0.2500	0.4096	0.0000	0.0196
0.0100	0.8836	0.0900	0.5476
0.1600	0.0016	0.0400	0.3136
0.0100	0.0676	0.0400	0.0016

图 2.18　计算偏差平方和

季节的方差＝季节的偏差值 / 季节的自由度

＝ 7.306/3 ＝ 2.435

误差的方差＝误差的偏差值 / 误差的自由度

＝ 5.404/12 ＝ 0.450

求出各因子的方差比。场所的方差比为场所的方差与误差的方差之比，季节的方差比为季节的方差与误差的方差之比。

场所的方差比＝场所的方差 / 误差的方差

＝ 3.152/0.450 ＝ 6.999

季节的方差比＝季节的方差 / 误差的方差

＝ 2.435/0.450 ＝ 5.408

从图 2.19 可以看出，以上的数值均与方差分析表上的值一致。

也就是说，与单因子设计的方差分析的不同之处在于，其方差比及 P 值是按各因子求出的。只要求出方差比就能算出 P 值，从而判断因子有没有效果。

方差分析

差异源	SS	df	MS	F	P-value	F crit
行	12.608	4	3.152	6.999	0.0038	3.259
列	7.306	3	2.435	5.408	0.0138	3.490
误差	5.404	12	0.450			
总计	25.318	19				

“行”指场所，“列”指季节

图 2. 19　方差分析表（图 2.16 的一部分）

2.3　多因子的方差分析

虽说 Excel 的数据分析最多只能对应双因子的方差分析，但 3 个因子及以上的方差分析基本上也能对应（叫做“多因子设计法”或“多因子方差分析”）。

因子设计中，当有多个因子时，相比方差分析，使用拉丁方阵及正交表不需要勉为其难地设计多因子试验。它们可以减少试验次数，提高效率。Excel 最多只对应双因子的方差分析的理由也在这里。但是，如果仅是 3 个因子，那它的试验次数及调查项目数也在 Excel 的可承受的范围内。

我们利用 Excel 单因子方差分析，介绍比较有效率的 3 因子方差分析方法。

2.2 节中，我们对表 2.2 双因子的方差分析按因子逐个求解。即按场所、季节利用 Excel 的分析工具“方差分析：单因素方差分析”分别求方差分析表，如图 2.20 所示。

① 场所（行）的单因子分析

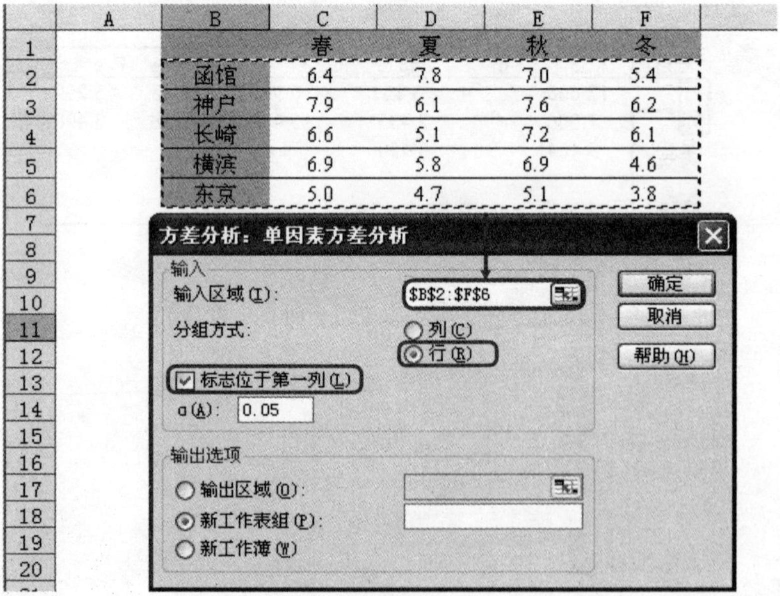

方差分析：单因素方差分析

SUMMARY

组	观测数	求和	平均	方差
函馆	4	26.6	6.65	1.023333
神户	4	27.8	6.95	0.87
长崎	4	25	6.25	0.79
横滨	4	24.2	6.05	1.203333
东京	4	18.6	4.65	0.35

方差分析

差异源	SS	df	MS	F	P-value	F crit
组间	12.608	4	3.152	3.719906	0.026958	3.055568
组内	12.71	15	0.847333			
总计	25.318	19				

② 季节的单因子分析

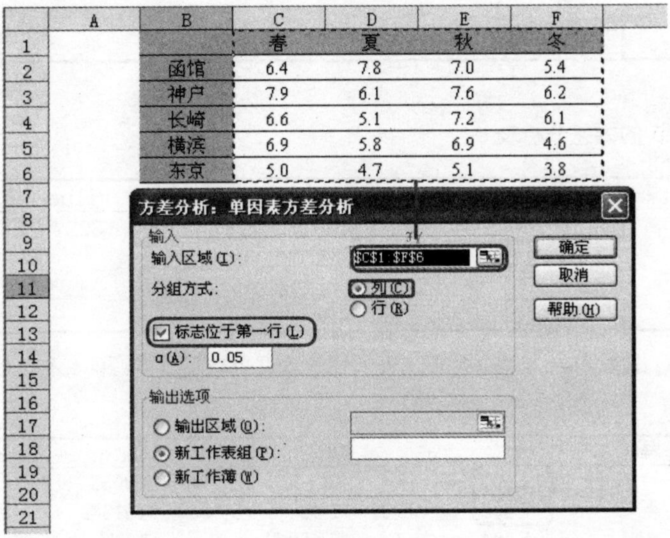

方差分析：单因素方差分析

SUMMARY

组	观测数	求和	平均	方差
春	5	32.8	6.56	1.093
夏	5	29.5	5.9	1.435
秋	5	33.8	6.76	0.933
冬	5	26.1	5.22	1.042

方差分析

差异源	SS	df	MS	F	P-value	F crit
组间	7.306	3	2.435333	2.163299	0.132276	3.238872
组内	18.012	16	1.12575			
总计	25.318	19				

图 2.20　通过单因子分析分别对双因子的数据做方差分析

对照图 2.21 与图 2.16 的双因子分析表发现，同一因子的偏差平方和相同。方差分析有这样一个性质，即无论是对 1 个因子还是 2 个因子，同一因子的偏差平方和、自由度和方差的值都一样。这同样适用于更多因子的多因子分析。

因此 3 个因子的方差分析表只要进行 3 次单因子方差分析就可以求出（由于图 2.16、图 2.20 与图 2.21 的偏差平方和相等，由此可以知道，3 因子的“误差的偏差平方和”就等于“整体的偏差平方和”减去“因子的偏差平方和”）。

① 场所的方差分析表

方差分析

差异源	SS	df	MS	F	P-value	F crit
组间	12.608	4	3.152	3.719906	0.026958	3.055568
组内	12.71	15	0.847333			
总计	25.318	19				

② 季节 的方差分析表

方差分析

差异源	SS	df	MS	F	P-value	F crit
组间	7.306	3	2.435333	2.163299	0.132276	3.238872
组内	18.012	16	1.12575			
总计	25.318	19				

图 2. 21　方差分析表（为了便于理解更改了差异源的名称）

方差分析

差异源	SS	df	MS	F	P-value	F crit
场所	12.608	4	3.152	6.999	0.0038	3.259
季节	7.306	3	2.435	5.408	0.0138	3.490
误差	5.404	12	0.450			
总计	25.318	19				

图 2. 22　双因子的方差分析表（图 2.16 的一部分，为了便于理解更改了差异源的名称）

利用该方法求下面 3 因子设计的方差分析表。

表 2.3 是关于某商品的促销策略和营业额数据。

这是由 3 水平的广告、2 水平的 AC 和 3 水平的持续期间 3 个因子组成的因子设计。

为了求该因子设计的方差分析表，需要实施 3 次单因子方差分析。因此如下所示，按因子类别逐个标记数据，做成 3 个表。这样的表叫做一元表（图 2.23）。

表 2.3 促销和营业额

广告	AC(auto call)	持续期间		
		1 个月	2 个月	3 个月
宣传单	有	60	66	77
	无	67	80	83
专业商品目录	有	75	76	90
	无	80	87	89
POP	有	64	66	71
	无	64	65	66

注：AC 是指 auto call，通过自动呼叫，向顾客宣传的一种方法。

①单因子表“广告”

广告	宣传单	专业商品目录	POP
数据	60	75	64
	66	76	66
	77	90	71
	67	80	64
	80	87	65
	83	89	66

②单因子表“AC”

AC	有	无
数据	60	67
	66	80
	77	83
	75	80
	76	87
	90	89
	64	64
	66	65
	71	66

③单因子表“持续期间”

持续期间	1个月	2个月	3个月
数据	60	66	77
	67	80	83
	75	76	90
	80	87	89
	64	66	71
	64	65	66

图 2. 23 单因子表（一元表）

利用 Excel 分析工具“方差分析：单因素方差分析”分别对各表求其方差分析表，如图 2.24 所示。

从得到的方差分析表中，挑出因子的偏差平方和、自由度和方差及总计的偏差平方和、自由度，如图 2.25 所示，输入到新的方差分析表中。

①广告 的方差分析表

方差分析						
差异源	SS	df	MS	F	P-value	F crit
广告	870.33	2	435.167	9.718	0.0020	3.682
误差	671.67	15	44.778			
总计	1542	17				

②AC的方差分析表

方差分析						
差异源	SS	df	MS	F	P-value	F crit
AC	72	1	72	0.784	0.3891	4.494
误差	1470	16	91.875			
总计	1542	17				

③ 持续期间 的方差分析表

方差分析						
差异源	SS	df	MS	F	P-value	F crit
持续期间	364	2	182	2.317	0.1327	3.682
误差	1178	15	78.533			
总计	1542	17				

图 2.24　单因子的方差分析表（为了便于理解更改了变动源的名称）

方差分析（3因子）						
差异源	SS	df	MS	F	P-value	F crit
广告	870.33	2	435.167	(4)	(7)	(10)
AC	72	1	72	(5)	(8)	(11)
持续期间	364	2	182	(6)	(9)	(12)
误差	(1)	(2)	(3)			
总计	1542	17				

图 2.25　输入到 3 因子方差分析表中

方差分析中空白处（1）～（12）的值可如下算出。

（1）误差的偏差平方和＝整体的偏差平方和－广告的偏差平方和

－AC 的偏差平方和－持续期间的偏差平方和

＝ 1542－870.33－72－364 ＝ 235.67

（2）误差的自由度＝合计的自由度－广告的自由度－AC 的自由度

－持续期间的自由度

＝ 17－2－1－2 ＝ 12

（3）误差的方差＝误差的偏差平方和 / 误差的自由度

＝ 235.67 / 12 ＝ 19.639

（4）广告的方差比＝广告的方差 / 误差的方差

＝ 435.167/19.639=22.158

（5）AC 的方差比＝ AC 的方差 / 误差的方差＝ 72/19.639 ＝ 3.666

（6）持续期间的方差比＝持续期间的方差 / 误差的方差

＝ 182/19.639 ＝ 9.267

根据所求的方差比，利用 Excel 函数求出各自的 P 值。将下面的 FDIST 函数公式输入到 Excel 的任意单元格。

（7）广告的 P 值＝ FDIST（22.158,2,12）→ 0.0001

（8）AC 的 P 值＝ FDIST（3.666,1,12）→ 0.0797

（9）持续期间的 P 值＝ FDIST（9.267,2,12）→ 0.0037

其实没有必要，F 临界值可以用 Excel 函数（FINV 函数）求出，如下

（10）广告的 F 临界值＝ FINV（0.05，2，12）→ 3.885

（11）AC 的 F 临界值＝ FINV（0.05，1，12）→ 4.747

（12）持续期间的 F 临界值＝ FINV（0.05，2，12）→ 3.885

综上所述，可得出如图 2.26 所示的 3 因子方差分析表。

广告、持续期间和 AC 的 P 值都在 15% 以下，可知都对营业额有效。

像这样的多因子方差分析表也可以通过 Excel 的分析工具相对容易地求出。

方差分析（3因子）

差异源	SS	df	MS	F	P-value	F crit
广告	870.33	2	435.167	22.158	0.0001	3.885
AC	72	1	72	3.666	0.0797	4.747
持续期间	364	2	182	9.267	0.0037	3.885
误差	235.67	12	19.639			
总计	1542	17				

图 2.26　3 因子的方差分析表

总　结

- 方差分析的思路是分解偏差平方和。
- 要判断因子有没有效，看“因子的偏差平方和”相对于“误差的偏差平方和”是不是足够大。
- 方差分析中为了判断“因子的偏差平方和”是否足够大，利用方差比遵循统计学分布 F 分布的原理计算出 P 值。
- Excel 中没有直接的 3 因子设计的分析工具，但可利用单因子设计的方差分析工具，能比较有效地求出方差分析表。

参考文献

1. 渕上美喜、上田太一郎、古谷都紀子『実践ワークショップ Excel 徹底活用ビジネスデータ分析』、秀和システム

2. 広瀬健一、上田太一郎『Excel でできるタグチメソッド解析法入門』、同友館

3. 上田太一郎、小林真紀、渕上美喜『Excel で学ぶ回帰分析入門』、オーム社

4. 上田太一郎『Excel でできるデータマイニング演習』、同友館

第3章 单、双因子设计的运用实例

迄今为止，我们利用因子设计和方差分析对因子数较少的例子进行了解析。

一般来说，在营业、策划及营销等调查中，只有 2 ～ 3 个因子的情况实在太少了，因子设计必须对应更多的因子数才有实用性。因此之前介绍的使用正交表取代因子设计、减少试验次数（调查项目数）的试验设计法的思路可以说更具有实践意义。

话虽如此，之前介绍的基础因子设计，只要因子和水平设计得好，也能得出很有用的结果。

在本章中，将介绍因子只有 1 ～ 2 个时的成功设计实例。

任何一个实例都利用了调查问卷的结果，并运用前面所介绍的 1 ～ 2 因子设计法对该结果进行解析。

3.1 哪些数据解析的学习方法受欢迎

对教育机关及教育相关的行业、企业内部培训部门的企划负责人来说，他们最想知道当人们学习某东西的时候，什么样的学习方法最能满足学员的学习需求，最受学员欢迎。但是学习方法的选择太多，大家总会感到哪个都有效，同时哪个都有不足。

这种情况下，为了调查哪种学习方法更赢得学员的青睐，我们展开了一次简单的问卷调查。

① 设计调查问卷

▼

② 问卷调查的结果和解析

▼

③ 解析“女性”的结果

3.1.1 设计调查问卷

该调查问卷，在学习数据挖掘及田口方法等专业的数据解析法时，数据解析爱好者按“想试一下”程度的高低对各种学习方法进行评价，满分为 5 分。

问卷的问题为“代表性的学习方法”和“学习方法的亮点”这两项，利用因子设计实施问卷调查。

实际所选用的因子和水平如表 3.1 所示。

表 3.1　数据解析中有效学习方法的因子和水平

因子	第1水平	第2水平	第3水平	第4水平
方法	电子教学	讲义	远程教育	计算机实际操作
亮点	练习题丰富	课题丰富	课题可灵活调整	

根据该因子和水平，调查问卷的设计列表如表 3.2 所示。

对设计列表的各项目添加评价分数栏，做成图 3.1 的样式，并实施该问卷调查。在右侧设置被调查对象基本信息的填写栏也很关键（后面将详细论述）。

表 3.2 设计列表

NO	方法	亮点
1	电子教学	练习题丰富
2	讲义	练习题丰富
3	远程教育	练习题丰富
4	计算机实际操作	练习题丰富
5	电子教学	课题丰富
6	讲义	课题丰富
7	远程教育	课题丰富
8	计算机实际操作	课题丰富
9	电子教学	课题可灵活调整
10	讲义	课题可灵活调整
11	远程教育	课题可灵活调整
12	计算机实际操作	课题可灵活调整

诸位

本问卷是有关数据挖掘、田口方法及多变量解析等数据解析法的学习方法问卷，

请根据您“想试一下”的程度在NO.1~NO.12中打分，满分5分。

请填写1，2，3，4，5中的任一数字。

NO	方法	亮点	评价
1	电子教学	练习题丰富	
2	讲义	练习题丰富	
3	远程教育	练习题丰富	
4	计算机实际操作	练习题丰富	
5	电子教学	课题丰富	
6	讲义	课题丰富	
7	远程教育	课题丰富	
8	计算机实际操作	课题丰富	
9	电子教学	课题可灵活调整	
10	讲义	课题可灵活调整	
11	远程教育	课题可灵活调整	
12	计算机实际操作	课题可灵活调整	

年龄段	相应处画○
20~29岁	
30~39岁	
40~49岁	
50~59岁	
60岁以上	
性别	
男性	
女性	

图 3.1 调查问卷用纸

3.1.2　问卷结果及解析

从 26 个人的问卷调查结果中取平均值并整理成图 3.2。

		亮点		
		练习题丰富	课题丰富	课题可灵活调整
方法	电子教学	3.5	3.0	2.4
	讲义	3.7	3.1	2.5
	远程教育	3.3	3.2	2.8
	计算机实际操作	4.0	3.2	2.4

图 3.2　问卷调查结果

根据该结果描绘因子效果折线图，如图 3.3 所示。

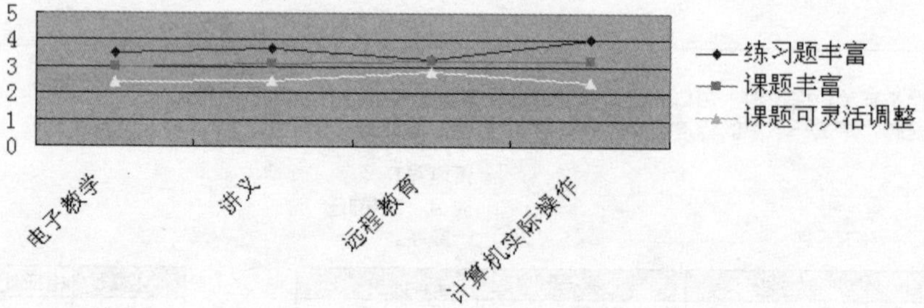

图 3.3　因子效果图

从图中可以看出，受亮点的影响，评价分数有所不同。其中“丰富的课堂讨论”的评价最高。

利用 Excel 的数据分析“方差分析：无重复双因素分析”求出方差分析表，如图 3.4 所示（为了便于理解，更改了图中变动源的名称）。

方差分析

差异源	SS	df	MS	F	P-value	F crit
方法	0.116	3	0.039	0.760	0.5562	4.757
亮点	2.541	2	1.271	24.978	0.0012	5.143
误差	0.305	6	0.051			
总计	2.963	11				

图 3.4　方差分析表

亮点的 P 值是 0.0012，低于 15%，这说明有效果。比起学习方法，人们更关心该学习方法有什么亮点。我们还知道，学员不止停留在“什么样的学习方法”上，更关心“它能够给我们提供什么”。这个因子设计，除了因子“学习方法”，还选择了有附加价值的因子“亮点”，并得出了有趣的结果。

而且我们还可以知道，亮点中不是“提交课题”或者“删减课题”，而是“课堂讨论”丰富的课程最受欢迎。比起通过课外时间做家庭作业来强化学习的方法，课堂时间内的练习更加被重视，也许这正反映了“时间不够用的现代人”的心理。

3.1.3　“仅女性”的结果和分析

该调查问卷中设置了一个栏目，填写调查对象的年龄及性别。调查对象的性别明细中，男性有 21 人，女性有 5 人，男性的比例高，可以说结果整体反映的是男性的调查结果。因此在这里我们只对女性的结果进行解析。

5 名女性的调查结果如图 3.5 所示。

绘制因子效果图，如图 3.6 所示。

		亮点		
		练习题丰富	课题丰富	课题可灵活调整
方法	电子教学	3.4	3.2	2.6
	讲义	3.6	4.0	3.4
	远程教育	3.8	4.4	3.8
	计算机实际操作	4.2	4.0	3.2

图 3.5　女性的调查结果

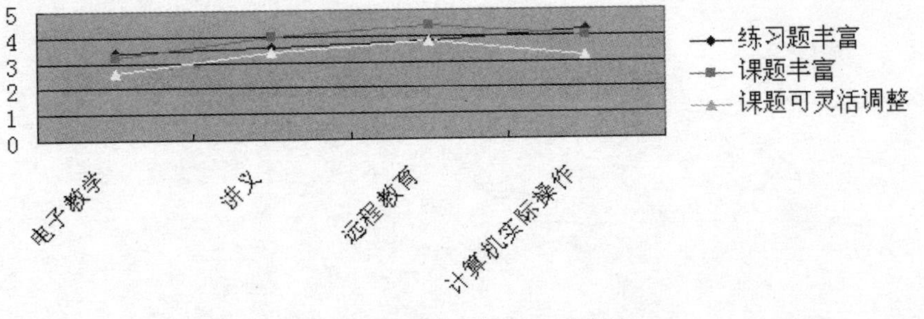

图 3.6　因子效果图（仅女性）

与图 3.3 不同，女性的结果表明，亮点“课题丰富”的评价高。为了证实这个差异到底是误差还是有效的，我们需要使用方差分析。

图 3.7 是女性数据的方差分析表。

亮点 P 值为 0.0284，未满 15%，因此可以判断亮点对女性有效。与男性占绝大部分的整体结果不同，在女性的结果中对“课题丰富”的评价更高。我们可以判断出，比起规定时间内“练习题丰富”，女性更重视家庭作业的“课

方差分析（仅女性）

差异源	SS	df	MS	F	P-value	F crit
方法	1.453	3	0.484	7.148	0.0209	4.757
亮点	0.927	2	0.463	6.836	0.0284	5.143
误差	0.407	6	0.068			
总计	2.787	11				

图 3.7　方差分析表（仅女性）

题丰富”，即便花费点时间也要认真做好。

另外，整体结果中认为没有效果的“方法”，在女性的结果中 P 值未满 15%，可知“方法”也对评价有影响。可见女性不仅在乎作为附加价值的“亮点”，对学习方法也有讲究。

3.2 可口米饭的做法

新的便当上市时或餐饮连锁店打算将烹饪方法标准化时，常常需要定量地评价美味料理的制作方法。

我们把米饭作为评价对象，调查可口米饭的做法。

① 试验设计

▼

② 试验结果和解析

3.2.1 试验设计

光说可口的米饭，可以有很多个因子。这次试验没有选择设备（电饭煲）和材料等项目，而是本着随意改变因子就能做成可口米饭的原则来选择因子。结果如表 3.3 所示，将水量及海苔、备长炭等对可口米饭有贡献的“添加物”作为试验因子。

表 3.3 因子和水平

因子	第1水平	第2水平	第3水平	第4水平	第5水平
水量	多2mm	多1mm	标准刻度	少1mm	少2mm
添加物	无	海苔	备长炭	两者皆有	

根据这些因子和水平做成设计列表，如表 3.4 所示。

表 3.4　设计列表

NO	水 量	添加物
1	多2mm	无
2	多2mm	海苔
3	多2mm	备长炭
4	多1mm	两者皆有
5	多1mm	无
6	多1mm	海苔
7	多1mm	备长炭
8	多1mm	两者皆有
9	标准刻度	无
10	标准刻度	海苔
11	标准刻度	备长炭
12	标准刻度	两者皆有
13	少1mm	无
14	少1mm	海苔
15	少1mm	备长炭
16	少1mm	两者皆有
17	少2mm	无
18	少2mm	海苔
19	少2mm	备长炭
20	少2mm	两者皆有

3.2.2　试验结果和解析

试验中，因子项目以外的条件如电饭煲、烹饪方法、米的种类及水的种类等均相同，做好米饭后由调查对象试吃，对其美味程度进行评价，满分为 10 分。

按照设计列表展开实验，对 10 个人的评价结果取平均值，结果如图 3.8 所示。

		添加物			
		无	海苔	备长炭	两者皆有
水量	少2mm	7.3	7.2	7.5	7.5
	少1mm	7.2	7.4	7.7	7.8
	标准刻度	8.5	8.1	8.8	8.0
	多1mm	8.2	7.5	8.5	8.6
	多2mm	7.3	7.4	8.3	8.8

图 3.8　试验结果

因子效果图如图 3.9 所示。

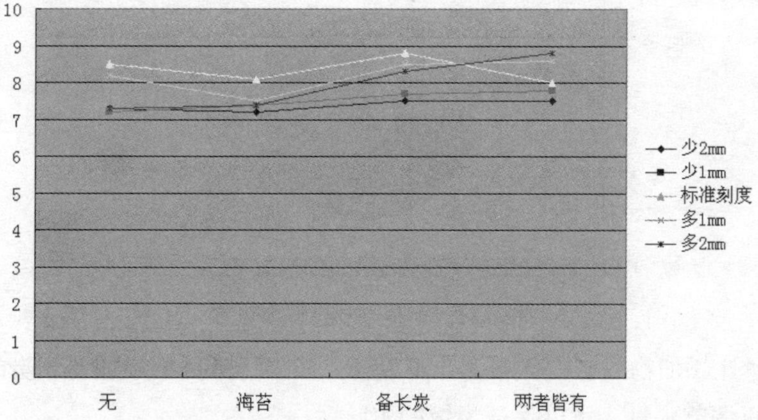

图 3.9 因子效果图

看起来水量和添加物均对美味程度有影响。求方差分析表，如图 3.10 所示。

方差分析

差异源	SS	df	MS	F	P-value	F crit
水量	2.837	4	0.709	5.770	0.0079	3.259
添加物	1.540	3	0.513	4.176	0.0306	3.490
误差	1.475	12	0.123			
总计	5.852	19				

图 3.10 方差分析表

由于水量和添加物的 P 值均在 15% 以下，可以判断任一因子都对美味有效果。而且因子效果图中所反映的美味程度差确实存在。从因子效果图中可以看出，为做出好吃的饭，要么添加备长炭，要么用标准刻度的水或多 1mm 的水。而且我们还知道即使添加海苔也无益于美味的增加，水量偏少时美味程度降低。

（注意：该结果并不具备一般性。仅仅说明本次试验中，在所使用的材料、设备的前提下，被调查者认为海苔对美味结果没有效果而已。）

水量和添加物的 P 值存在差异，我们通过比较其偏差平方和的大小来确认各因子的影响大小。偏差平方和的饼状图如图 3.11 所示。

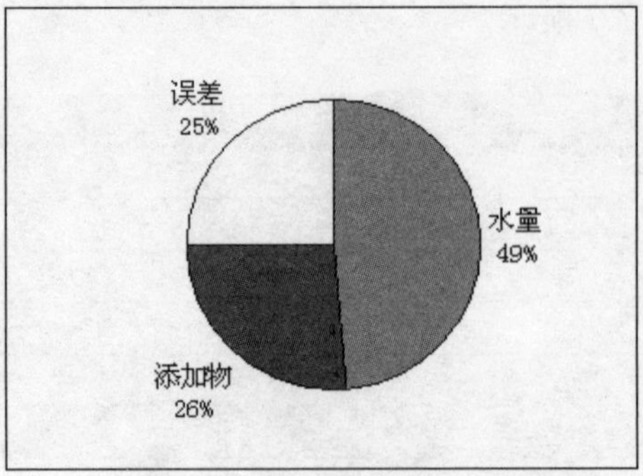

图 3.11　偏差平方和的饼状图

水量比添加物的影响大很多。可以说，如果尽量控制添加备长炭的成本，而且认真调节水量，可以保证米饭的美味。

3.3　影响猪肉包子销路的是什么

影响厂家、商社及便利店的营业额的因子是什么？相信很多人都想过这方面的问题：是促销活动的效果还是凑巧天气等自然现象的影响？如果能定量地把握这些因子那该多好！

在这里我们以便利店和超市的畅销商品猪肉包子为例，调查广告和天气对销售数量的影响。

① 调查内容（设计因子）

▼

② 调查结果和解析

3.3.1　调查内容（因子设计）

这次调查得到日本关西某地区店铺的协助，我们从该店铺 POS 信息获得猪肉包子的销售数量。将因子定位为广告、天气，各自的水平如表 3.5 所示。设计列表如表 3.6 所示。

表 3.5　因子和水平

因子	水平1	水平2	水平3
广告	超热销商品	普通	无
天气	雨	晴	

表 3.6　设计列表

NO	广告	天气
1	超热销商品	雨
2	普通	雨
3	无	雨
4	超热销商品	晴
5	普通	晴
6	无	晴

3.3.2　调查结果与分析

收集某期间猪肉包子的销售数据，各项目每天的销售个数如图 3.12 所示。图 3.13 为因子效果图。

似乎随广告、天气不同，销售个数也不一样。广告的影响尤其大。图 3.14 所示是方差分析表。

广告和天气的 *P* 值均在 15% 以下，可知均对销售数量有效果。这也证明，在寒冷的下雨天，人们会想吃热乎乎的猪肉包子。

由于因子数少，不可否认解析的结果具有局限性。但是，如果像这样能恰当地选择因子和水平，将可以得到很有用的结果。

		天气	
		雨	晴
广告	超热销商品	78	69
	普通	50	48
	无	45	40

图 3.12　销售数据

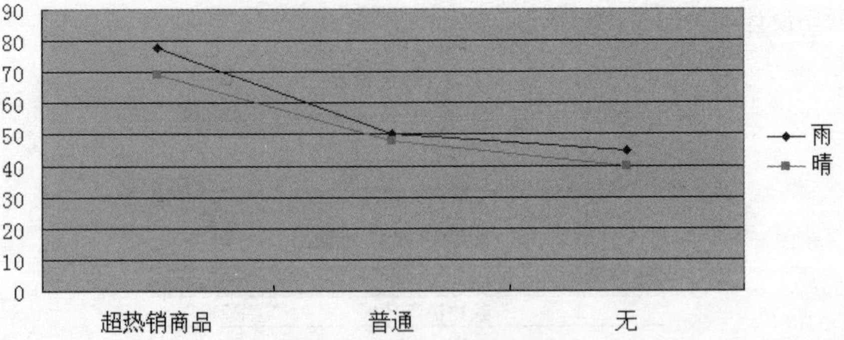

图 3.13　因子效果图

方差分析

差异源	SS	df	MS	F	P-value	F crit
广告	1069	2	534.5	86.676	0.0114	19
天气	42.667	1	42.667	6.919	0.1192	18.513
误差	12.333	2	6.167			
总计	1124	5				

图 3.14　方差分析表

从 POS 信息等数据库的庞大数据中，通过解析找出有用的信息，这绝对不是徒劳的作业。总之，因子数少的情况下，基础因子设计也是很有用的武器。

参考文献

1. 渕上美喜、上田太一郎、古谷都紀子『実践ワークショップ Excel 徹底活用ビジネスデータ分析』、秀和システム

2. 広瀬健一、上田太一郎『Excel でできるタグチメソッド解析法入門』、同友館

3. 上田太一郎、小林真紀、渕上美喜『Excel で学ぶ回帰分析入門』、オーム社

4. 上田太一郎『Excel でできるデータマイニング演習』、同友館

第4章 回归分析

本章将介绍Excel数据分析中的回归分析功能作为多因子设计的解析方法，使用回归分析，我们可以通过一连串的操作来解析多因子，而不用像方差分析一样重复相同的步骤。

由于Excel的分析工具中有回归分析功能，我们可以利用它来解析多因子设计。

4.1 单回归分析

表 4.1 是每月初 100g 白菜和 100g 腌白菜的价格数据。该数据具有一个特点，就是各行的白菜价格与腌白菜价格相对应，是成对的数据。

表 4.1　100g 白菜和 100g 腌白菜的价格（单位：日元）

月份	白菜	腌白菜
1月	13.3	55.8
3月	24.7	62.0
5月	22.1	68.3
7月	29.1	67.7
9月	31.5	70.9
11月	9.4	57.7

让我们试着分析这些数据。首先，遵循基本原则，我们先作图。这些数据是随着“月”这个时间而变动的（时间系列数据）。在时间系列数据的情况下，绘制折线图时通常将时间作为横轴（图 4.1）。

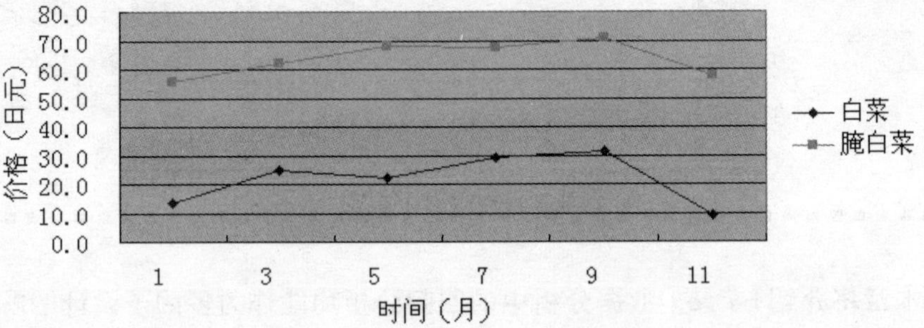

图 4.1　以时间为横轴的折线图

白菜价格上升的时候腌白菜价格也上升，白菜价格下跌的时候腌白菜价格也下跌，我们定义这样的关系为“相关关系”。

为了更清楚地弄清这个相关关系，我们可以绘制“散点图”（我们建议从一开始就绘制散点图以判断成对数据之间有没有相关关系）。根据表 4.1 的数据，用 Excel 绘制散点图时，先选中白菜和腌白菜列的单元格，再启动图表向导（按钮或者从菜单“插入”→单击“图表”），在出现的对话框中选择“XY 散点图”。

单击图 4.2 中的“下一步”，出现如图 4.3 的对话框。由于数据是沿列方向分布的，因此在“系列产生在”选项里选择“列”，并单击“确定”按钮。将图稍微修改一下，得到散点图图 4.4。

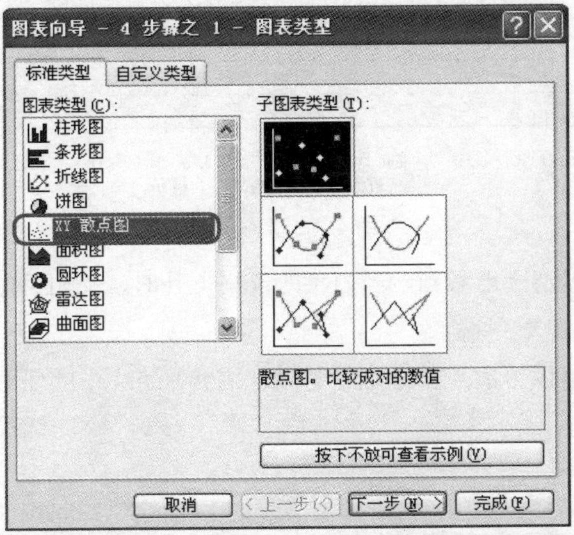

图 4.2

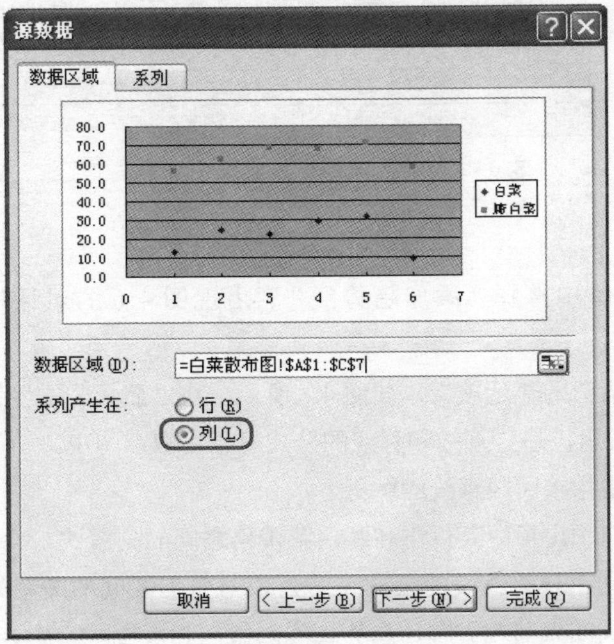

图 4.3

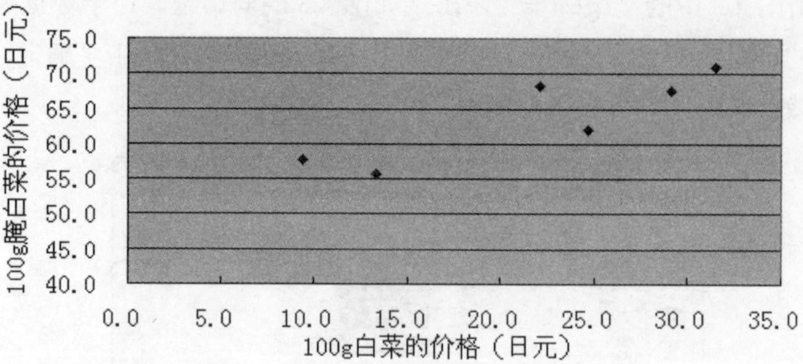

图 4.4　散点图

从图 4.4 可以清晰地看到，当白菜的价格上升时，腌白菜的价格也上升，它们之间存在着相关关系。

Excel 图表可以给散点图添加趋势线。右击图 4.4 中的任意一个散点，出现如图 4.5 的菜单。

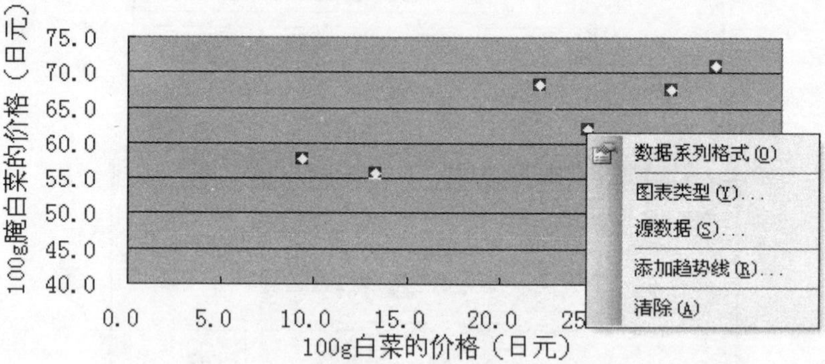

图 4.5　下拉菜单

从所示菜单中选择“添加趋势线”，出现图 4.6 的对话框，选择“线性”。

单击该对话框的“选项”，如图 4.7 所示，在“显示公式”处打钩。

如图 4.8 所示，趋势直线和直线的公式显示在散点图中。

回归分析是指求回归直线的解析方法。

这时，我们求出了白菜价格和腌白菜价格之间的关系式。

像这样，利用趋势直线的公式来解析成对数据之间的关系的方法叫做回归分析，其公式叫做回归方程，趋势直线叫做回归直线。

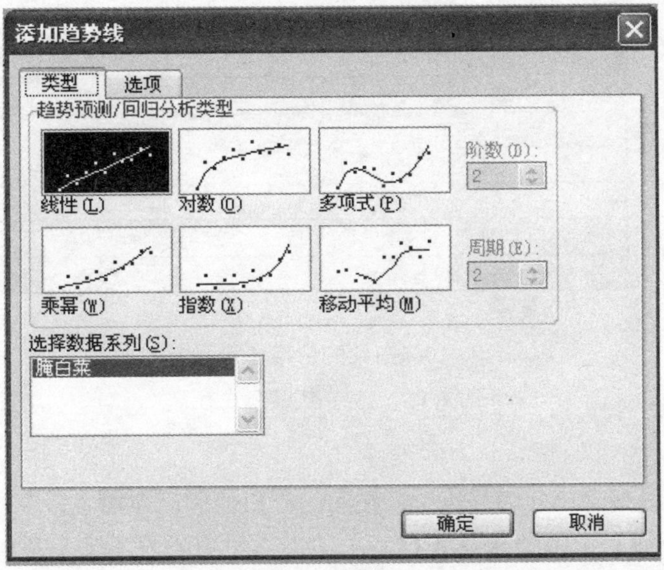

图 4.6 “添加趋势线”对话框（1）

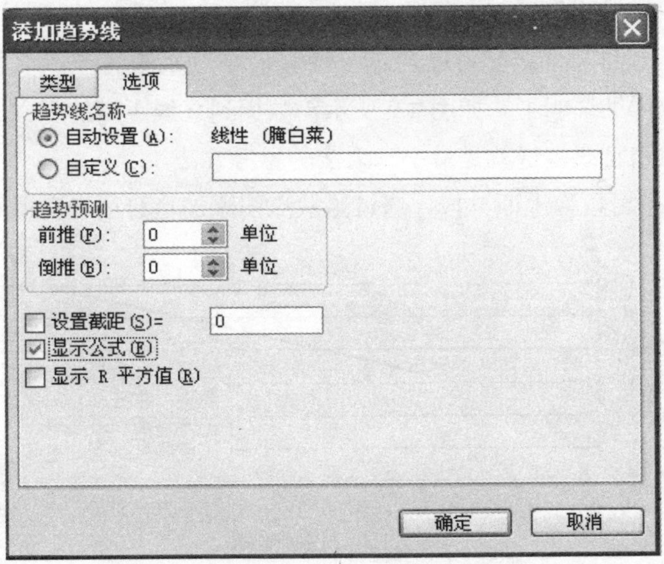

图 4.7 “添加趋势线”对话框（2）

图 4.8 所表示的回归方程为

$$y = 0.6209x + 50.27$$

根据白菜的价格 x，通过 $0.6209x + 50.27$ 可求出腌白菜 y 的价格。例如，当白菜价格为 20 日元时，腌白菜的价格则为 $0.6209 \times 20 + 50.27 = 62.688 \approx 62.7$ 日元。由于是通过 x 求得 y，

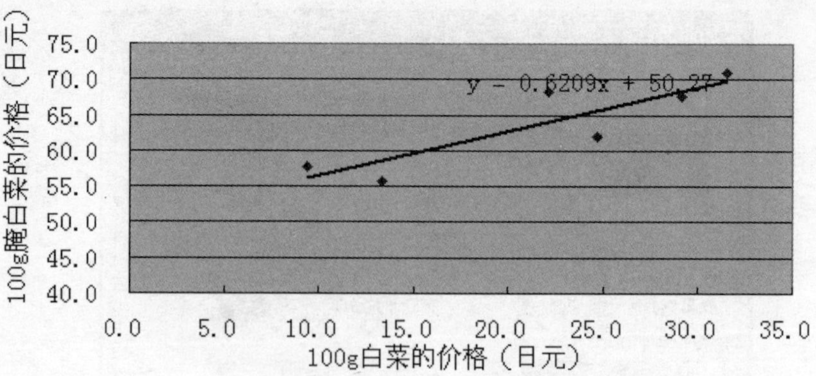

图 4.8　趋势直线及公式

因此我们称 x 为自变量，y 为因变量。

本章的标题是“单回归分析”，在回归分析的前面多加了一个“单”字。回归分析的自变量可以像本例一样有一个，也可以有几个。为了区别，把前者称为单回归分析，后者称为重回归分析。单回归分析的回归直线叫作单回归直线，回归公式叫作回归方程。

回归方程（回归直线）可以通过一种叫最小二乘法的统计学方法求出。在这里就不做详细说明了。如图 4.9 所示，数据到直线距离的平方之和最小时该直线就是回归直线，这就是最小二乘法的思考方法。

在 Excel 中可以像上面一样，通过给散点图添加趋势线来实现回归分析，

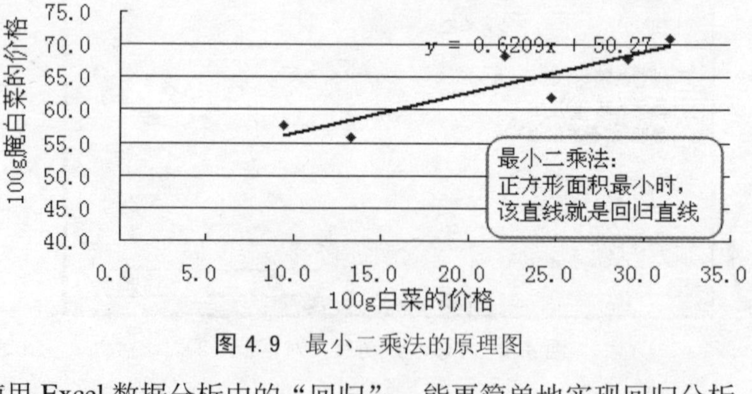

图 4.9　最小二乘法的原理图

但如果使用 Excel 数据分析中的“回归”，能更简单地实现回归分析。让我们尝试使用数据分析对表 4.1 的数据进行回归分析。

为了使用数据分析来实施回归分析，从菜单“工具”→单击“数据分析”，如图 4.10 所示，在出现的对话框中选择“回归”，单击“确定”按钮。

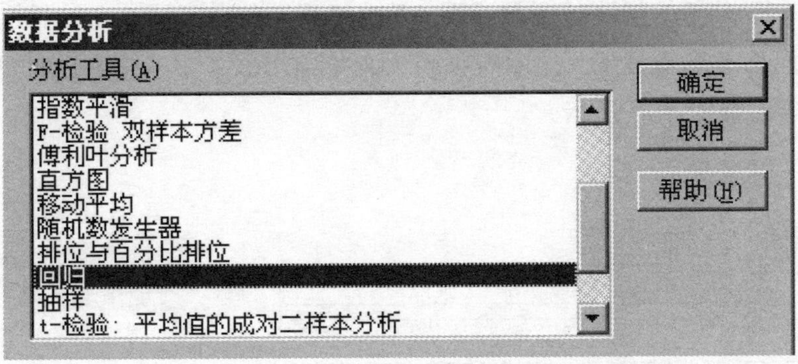

图 4.10　分析工具的回归分析

接下来，在出现的对话框中（图 4.11)，包括标志在内给“Y 值输入区域”选定腌白菜价格的单元格，给“X 值输入区域”选定白菜价格的单元格，并在“标志”和“线性拟合图”处打钩，单击“确定”按钮。

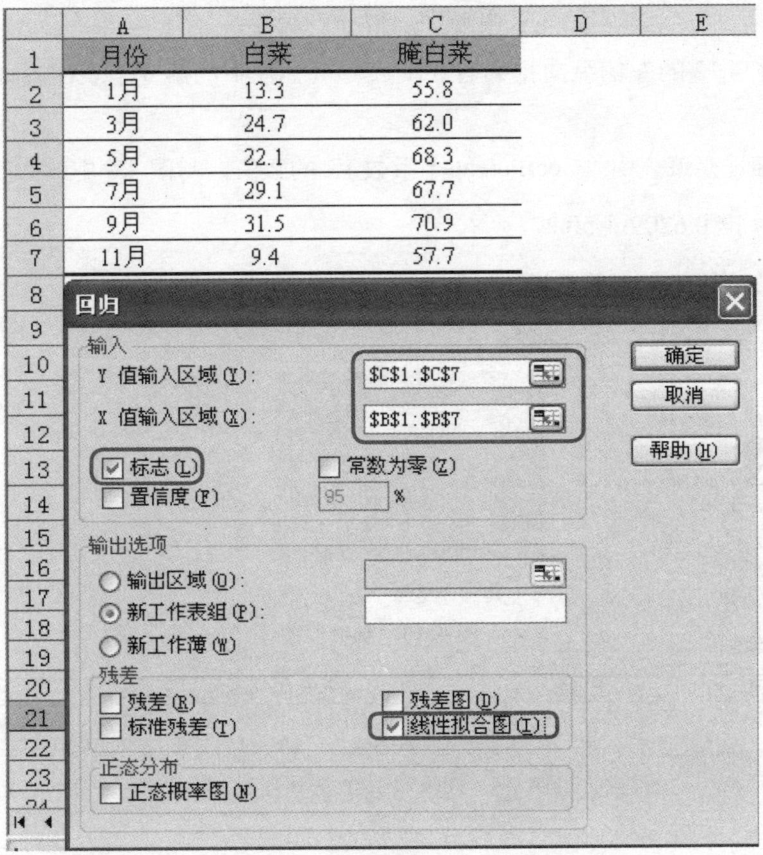

图 4.11　执行回归分析

图 4.12 右侧的观测值图是与图 4.8 内容相同的散点图。在这里，使用趋势曲线而不是趋势直线来显示所计算出来的预测值（为了便于查看更改了一部分内容，如图 4.13 所示）。

SUMMARY OUTPUT

回归统计	
Multiple R	0.87948796
R Square	0.773499071
Adjusted R Square	0.716873839
标准误差	3.282591076
观测值	6

方差分析

	df	SS	MS	F	Significance F
回归分析	1	147.1917166	147.1917166	13.65997175	0.02090962
残差	4	43.10161669	10.77540417		
总计	5	190.2933333			

	Coefficients	标准误差	t Stat	P-value	Lower 95%	Upper 95%	下限 95.0%	上限 95.0%
Intercept	50.27023463	3.881361071	12.95170269	0.000205011	39.49384868	61.04662058	39.49385	61.04662
白菜	0.620896174	0.167994121	3.695939901	0.02090962	0.15446972	1.087322628	0.15447	1.087323

RESIDUAL OUTPUT

观测值	预测 腌白菜	残差
1	58.52815374	-2.728153742
2	65.60637012	-3.606370125
3	63.99204007	4.307959928
4	68.33831329	-0.63831329
5	69.82846411	1.071535893
6	56.10665866	1.593341336

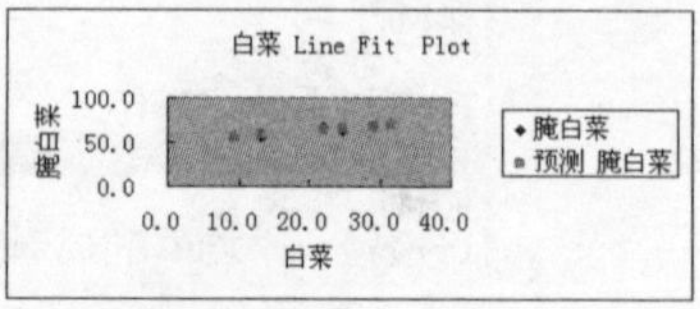

图 4.12　回归分析结果

在图 4.12 的左侧纵向排列着 4 个表。从上往下的第 3 个表内容如图 4.14 所示。

仔细观察该表中“Coefficients (系数)”的数值，与图 4.8 中的回归方程

$$y = 0.6209x + 50.27$$

的数值相等。也就是说该系数表示回归方程。

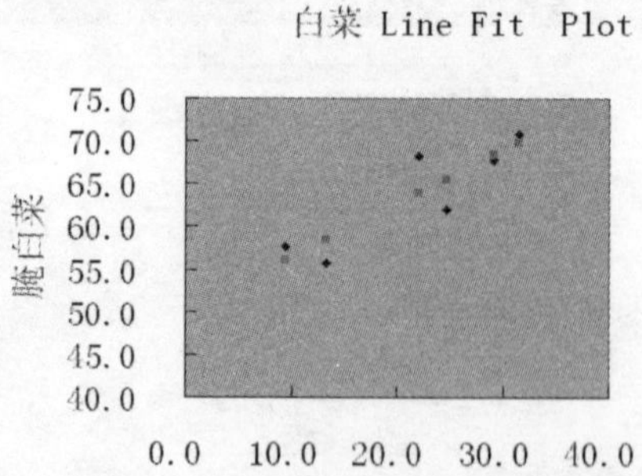

图 4.13　观测值图

	Coefficien	标准误差	t Stat	P-value	Lower 95%	Upper 95%	下限 95.0%	上限 95.0%
Intercept	50.27023	3.881361	12.9517	0.000205	39.493849	61.04662	39.49385	61.04662
白菜	0.620896	0.167994	3.69594	0.02091	0.1544697	1.087323	0.15447	1.087323

图 4.14　图 4.12 自上往下第 3 个表

4.2 回归分析的方差分析

图 4.12 中的第 2 个表是我们熟悉的方差分析表（图 4.15），回归方程的方差分析跟因子设计的方差分析在内容上有所不同。因子设计的方差分析通过把“因子的方差”与“误差的方差”对比来判断“因子有没有效果”，回归分析则是把“回归的方差”与“误差的方差”相比较来判断“回归方程有没有意义”。

方差分析

	df	SS	MS	F	Significance F
回归分析	1	147.1917	147.1917	13.65997	0.02091
残差	4	43.10162	10.7754		
总计	5	190.2933			

图 4.15　回归分析的方差分析表

该方差分析表可以按以下顺序求出。

首先，从表4.1中抽出白菜的价格，求其平均值，并计算各数据与平均值的差。

根据回归分析中求得的回归方程 $y = a + bx$，相对于 x 的变化，y 受 b 倍的影响。也就是说，腌白菜的价格相当于白菜价格变化的 b（0.6209）倍。因此求偏差平方和的时候，要把图 4.16 数据与平均值之差乘以 b（0.6209）倍的基础上再求平方和。

月	白菜	与平均值之差
1月	13.3	-8.38
3月	24.7	3.02
5月	22.1	0.42
7月	29.1	7.42
9月	31.5	9.82
11月	9.4	-12.28
平均值	21.68	

图 4.16　白菜价格与平均值之差的平方和

该总计值 147.1917（图 4.17）就是“回归的偏差平方和”（与图 4.15 方差分析表中回归的偏差平方和一致）。

“整体的偏差平方和”可以通过腌白菜的价格与平均值之差的平方和求出（图 4.18）。

月	白菜	与平均值之差	←×b	←平方
1 月	13.3	-8.38	-5.2052	27.0942
3 月	24.7	3.02	1.8730	3.5083
5 月	22.1	0.42	0.2587	0.0669
7 月	29.1	7.42	4.6050	21.2061
9 月	31.5	9.82	6.0952	37.1511
1 1 月	9.4	-12.28	-7.6267	58.1669
平均值	21.68		总计	147.1935

图 4.17　对白菜价格的影响（回归的偏差平方和）

月	腌白菜	与平均值之差	←平方
1 月	55.8	-7.93	62.9378
3 月	62	-1.73	3.0044
5 月	68.3	4.57	20.8544
7 月	67.7	3.97	15.7344
9 月	70.9	7.17	51.3611
1 1 月	57.7	-6.03	36.4011
平均值	63.73	总计	190.2933

图 4.18　整体的偏差平方和

误差的偏差平方和可以从整体的偏差平方和 190.2933 中减去回归的偏差平方和来求出。

$$误差的偏差平方和=整体的偏差平方和-回归的偏差平方和$$
$$= 190.2933 - 147.1917 = 43.1016$$

这个值也与图 4.15 相一致。

偏差平方和求出之后，和因子设计的方差分析一样，如图 4.19 所示，用偏差平方和除以自由度来求出方差，并用“回归的方差”除以“误差的方差”求得方差比，进而求出 P 值。到这里，方差分析表就做好了。

单回归分析的回归自由度通常为 1。根据所求得的方差比 13.65997，通过 Excel 的 FDIST 函数来求 P 值，FDIST（13.65997，1，4）= 0.02091。Excel 回归分析的方差分析表中将 P 值称为显著性 F，这似乎是 Excel 的疏忽。

分散分析表

	df	SS	MS	F	Significance F
回归	1	147.1917166	147.1917	13.65997	0.02091
残差	4	43.10161669	10.7754		
合计	5	190.2933333			

图 4.19　P 值的计算

注：虽然表示为显著性 F，这其实就是 P 值。

4.3 重回归分析和数量化理论 I 类

其结果，P 值为 0.02091，低于 15%。从统计学角度说明了回归方程中所表达的关系。

回归分析中相对于因变量 y 来说，自变量 x 是有意义的因子。也就是说，单回归分析与单因子设计一样。

进而也可以认为，具有复数因子的因子设计和试验设计法，与自变量 x 不止 1 个、具有复数自变量的重回归分析相同，可以用重回归分析的解析方法对多因子的因子设计进行解析。

Excel 的分析工具中，方差分析最多只对应 2 个因子的因子设计，而重回归分析可以对应 16 个因子（水平数为 2 时）。因此本书还将介绍如何用 Excel 数据分析的“回归”对包括试验设计法在内的多因子设计进行解析。

单回归分析、重回归分析原本都是以价格、长度等连续性的数据为对象的分析方法。因此店铺试验及夜景调查问卷中，由于因子水平均由汉字组成，故无法直接对这些因子进行解析。但是如果把这些由汉字表示的因子水平替换成数字，就可以进行回归分析。

像这样，先置换成数据再实施重回归分析的方法叫做数量化理论 I 类。它的名字看起来很高深，内容其实非常得简单，请大家不要担心。所谓的数量化，其实就是对应该水平时就替换成 1，否则就替换成 0。

我们等下会说到实际的解析顺序，在这里，先只说下 1，0 的替换要领。

表 4.2 是表 2.2 中按季节分类的夜景的评价分数。各因子的水平不是数字而是文字，就这样的话不能实施重回归分析。

把该调查结果用设计列表的形式表示出来，如图 4.20 所示。

表 4.2 季节类别的夜景评价

	春	夏	秋	冬
函　馆	6.4	7.8	7.0	5.4
神　户	7.9	6.1	7.6	6.2
长　崎	6.6	5.1	7.2	6.1
横　滨	6.9	5.8	6.9	4.6
东　京	5.0	4.7	5.1	3.8

在该表的水平处添加列，在设计列表所对应的空格栏中填1，其他的填0（图4.21）。

No.	场所	季节	数据
1	函馆	春	6.4
2	函馆	夏	7.8
3	函馆	秋	7.0
4	函馆	冬	5.4
5	神户	春	7.9
6	神户	夏	6.1
7	神户	秋	7.6
8	神户	冬	6.2
9	长崎	春	6.6
10	长崎	夏	5.1
11	长崎	秋	7.2
12	长崎	冬	6.1
13	横滨	春	6.9
14	横滨	夏	5.8
15	横滨	秋	6.9
16	横滨	冬	4.6
17	东京	春	5.0
18	东京	夏	4.7
19	东京	秋	5.1
20	东京	冬	3.8

图 4.20　季节类别的夜景评价设计列表

No.	场所	函馆	神户	长崎	横滨	东京	季节	春	夏	秋	冬	数据
1	函馆	1	0	0	0	0	春	1	0	0	0	6.4
2	函馆	0	1	0	0	0	夏	1	0	0	0	7.8
3	函馆	0	0	1	0	0	秋	1	0	0	0	7.0
4	函馆	0	0	0	1	0	冬	1	0	0	0	5.4
5	神户	0	0	0	0	1	春	1	0	0	0	7.9
6	神户	1	0	0	0	0	夏	0	1	0	0	6.1
7	神户	0	1	0	0	0	秋	0	1	0	0	7.6
8	神户	0	0	1	0	0	冬	0	1	0	0	6.2
9	长崎	0	0	0	1	0	春	0	1	0	0	6.6
10	长崎	0	0	0	0	1	夏	0	1	0	0	5.1
11	长崎	1	0	0	0	0	秋	0	0	1	0	7.2
12	长崎	0	1	0	0	0	冬	0	0	1	0	6.1
13	横滨	0	0	1	0	0	春	0	0	1	0	6.9
14	横滨	0	0	0	1	0	夏	0	0	1	0	5.8
15	横滨	0	0	0	0	1	秋	0	0	1	0	6.9
16	横滨	1	0	0	0	0	冬	0	0	0	1	4.6
17	东京	0	1	0	0	0	春	0	0	0	1	5.0
18	东京	0	0	1	0	0	夏	0	0	0	1	4.7
19	东京	0	0	0	1	0	秋	0	0	0	1	5.1
20	东京	0	0	0	0	1	冬	0	0	0	1	3.8

图 4.21　添加各水平列填写 1,0

在图 4.21 的表中，把原水平的列场所和季节删除，如图 4.22 所示，1，0 的数据就置换好了。

No.	函馆	神户	长崎	横滨	东京	春	夏	秋	冬	数据
1	1	0	0	0	0	1	0	0	0	6.4
2	0	1	0	0	0	1	0	0	0	7.9
3	0	0	1	0	0	1	0	0	0	6.6
4	0	0	0	1	0	1	0	0	0	6.9
5	0	0	0	0	1	0	0	0	0	5.0
6	1	0	0	0	0	0	1	0	0	7.8
7	0	1	0	0	0	0	1	0	0	6.1
8	0	0	1	0	0	0	1	0	0	5.1
9	0	0	0	1	0	0	1	0	0	5.8
10	0	0	0	0	1	0	1	1	0	4.7
11	1	0	0	0	0	0	0	1	0	7.0
12	0	1	0	0	0	0	0	1	0	7.6
13	0	0	1	0	0	0	0	1	0	7.2
14	0	0	0	1	0	0	0	1	0	6.9
15	0	0	0	0	1	0	0	1	0	5.1
16	1	0	0	0	0	0	0	0	1	5.4
17	0	1	0	0	0	0	0	0	1	6.2
18	0	0	1	0	0	0	0	0	1	6.1
19	0	0	0	1	0	0	0	0	1	4.6
20	0	0	0	0	1	0	0	0	1	3.8

图 4.22 置换好 1,0 后的表

我们把用于置换的 1，0 称为虚拟变量。做好这个表后，我们就可以实施回归分析了。像这样将文字的水平通过虚拟变量转换为数字，再实施回归分析的方法，我们称之为数量化理论 I 类。

总　结

- 回归分析通过趋势直线的公式即回归方程来求成对数据之间的关系。
- 在 Excel 上绘制散点图，通过趋势曲线可以求出回归方程；利用 Excel 的分析工具“回归”可以求得方差分析表。
- 回归分析的方差分析表是通过回归的偏差平方和来求出的。
- 可以把回归分析中的自变量看做因子，回归分析也适用于因子设计的解析。
- 若水平是文字的形式，则不能直接进行回归分析，需利用数量化理论 Ⅰ类，将水平置换成虚拟变量 1，0。

参考文献

1. 上田太一郎、小林真紀、渕上美喜『Excel で学ぶ回帰分析入門』、オーム社

2. 渕上美喜、上田太一郎、古谷都紀子『実践ワークショップ　Excel 徹底活用ビジネスデータ分析』、秀和システム

3. 上田太一郎『Excel でできるデータマイニング演習』、同友館

第5章 用回归分析解析因子设计

在第 4 章我们讲到，通过数量化理论Ⅰ类来对设计列表中因子设计的数据进行解析。这一章将会实际解析因子设计，并说明解析的顺序。

5.1　单因子设计的回归分析

首先，我们用回归分析来解析第 2 章中的单因子设计夜景评价（表 5.1）。

表 5.1　夜景评价 (表 2.1)

	A	B	C	D
函馆	8	5	7	8
神户	8	6	7	6
长崎	7	6	6	5
横滨	7	5	7	6
东京	5	4	5	5

为了使用回归分析，先要把文字的水平像图 4.22 一样转换成虚拟因数 1，0，使其变成数字（图 5.1）。

做好这个表后就可以实施回归分析了，但由于其中包含了多余的数据，如果就这样实施回归分析的话，将会得到错误的结果。

No.	函馆	神户	长崎	横滨	东京	数据
1	1	0	0	0	0	8
2	0	1	0	0	0	8
3	0	0	1	0	0	7
4	0	0	0	1	0	7
5	0	0	0	0	1	5
6	1	0	0	0	0	5
7	0	1	0	0	0	6
8	0	0	1	0	0	6
9	0	0	0	1	0	5
10	0	0	0	0	1	4
11	1	0	0	0	0	7
12	0	1	0	0	0	7
13	0	0	1	0	0	6
14	0	0	0	1	0	7
15	0	0	0	0	1	5
16	1	0	0	0	0	8
17	0	1	0	0	0	6
18	0	0	1	0	0	5
19	0	0	0	1	0	6
20	0	0	0	0	1	5

图 5.1　转换成虚拟变量

比如，看一下 1 ～ 5 夜景场所的表格，其内容如图 5.2 所示。

比如，请注意看序号 5 的数据。该数据对应场所的水平是东京，由于知道从函馆到东京所有的水平是 5 个，因此即使没有东京这一列也能知道序号 5 对应的水平是东京。即使没有东京这一列，数据也不会丢失（图 5.3）。

No.	函馆	神户	长崎	横滨	东京
1	1	0	0	0	0
2	0	1	0	0	0
3	0	0	1	0	0
4	0	0	0	1	0
5	0	0	0	0	1

图 5.2　1 ～ 5 夜景场所的表格

No.	函馆	神户	长崎	横滨
1	1	0	0	0
2	0	1	0	0
3	0	0	1	0
4	0	0	0	1
5	0	0	0	0

即使没有东京这一列，也能知道序号 5 对应的水平是东京

图 5.3　即使没有东京这一列，数据也没有丢失

由于即使没有这一列，数据也还存在，如果不删除这一列就实施回归分析，那将得不到正确的解析结果。像这种数据冗长的时候，在回归分析前必须要把多余的数据删除。

删除的列可以是任意一列（如图 5.2 中，即使删掉的是函馆而非东京那一列，还是能知道序号 1 数据对应的水平是函馆，无论删除哪列都不会有数据丢失）。只要删掉其中的一列即可。

删掉图 5.1 场所的水平中的一列，得到如图 5.4 所示的表（本例中删除了一东京这一列）。

使用分析工具对这个表进行回归分析。从菜单“工具”→“数据分析”（图 5.5）→“回归”→单击“确定”按钮（图 5.6）。

用其他表格表示回归分析结果如（图 5.7）。

将图 5.7 中的方差分析表（图 5.8）与图 2.4 中的方差分析表对照，除了有几处数据小数点位数不同，内容几乎一致。另外，请留意一下，图 5.7 中将 P 值误表示成了“显著性 F”。

No.	函馆	神户	长崎	横滨	数据
1	1	0	0	0	8
2	0	1	0	0	8
3	0	0	1	0	7
4	0	0	0	1	7
5	0	0	0	0	5
6	1	0	0	0	5
7	0	1	0	0	6
8	0	0	1	0	6
9	0	0	0	1	5
10	0	0	0	0	4
11	1	0	0	0	7
12	0	1	0	0	7
13	0	0	1	0	6
14	0	0	0	1	7
15	0	0	0	0	5
16	1	0	0	0	8
17	0	1	0	0	6
18	0	0	1	0	5
19	0	0	0	1	6
20	0	0	0	0	5

图 5. 4　删掉冗长数据列之后的表

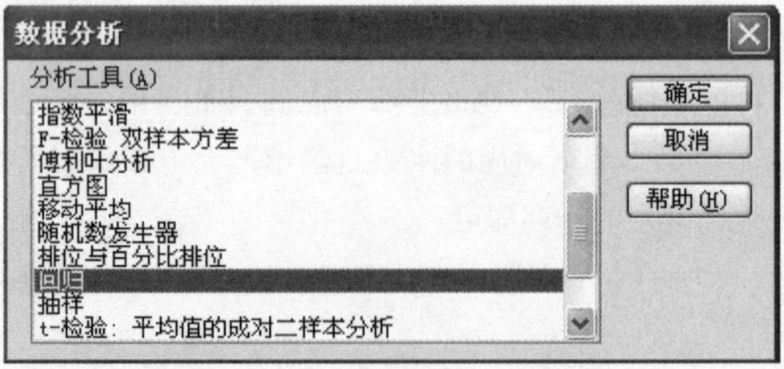

图 5. 5　选择回归分析

在白菜的例子中说到过回归分析的结果表示回归方程。同样地，图 5.7 也表达了单因子设计的回归方程。图 5.7 下面的表中“回归参数”所表示的数字，其实就是按因子水平类别来表达相应的评价分数，用公式表示为

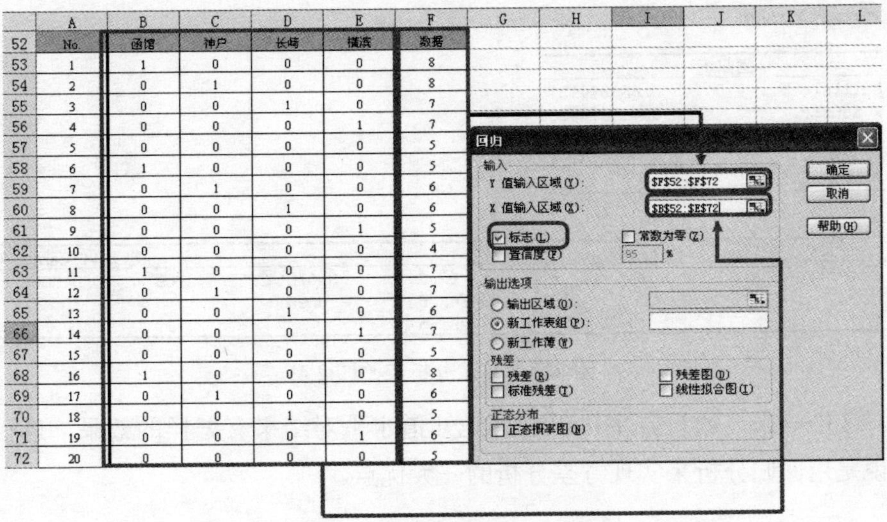

图 5.6　输入回归分析的对话框

SUMMARY OUTPUT

回归统计	
Multiple R	0.680644
R Square	0.463277
Adjusted R Square	0.320151
标准误差	0.974679
观测值	20

方差分析

	df	SS	MS	F	Significance F
回归分析	4	12.3	3.075	3.236842	0.042061
残差	15	14.25	0.95		
总计	19	26.55			

	Coefficients	标准误差	t Stat	P-value	Lower 95%	Upper 95%	下限 95.0%	上限 95.0%
Intercept	4.75	0.48734	9.746794	6.994887E-08	3.711260	5.788740	3.711260	5.788740
函馆	2.25	0.689202	3.264643	0.005224	0.781000	3.719000	0.781000	3.719000
神户	2	0.689202	2.901905	0.010952	0.531000	3.469000	0.531000	3.469000
长崎	1.25	0.689202	1.813691	0.089779	-0.219	2.719000	-0.219	2.719000
横滨	1.5	0.689202	2.176429	0.045912	0.031000	2.969000	0.031000	2.969000

图 5.7　回归分析的结果

$$\text{评价分数} = 4.75 + \left\{\begin{array}{l} 2.25\text{（函馆）} \\ 2.20\text{（神户）} \\ 1.25\text{（长崎）} \\ 1.50\text{（横滨）} \\ \hline 0.00\text{（东京）} \end{array}\right.$$

回归统计的结果如图 5.8 所示。

评价分数可以通过各水平的回归参数加上截距来求出。在这里，要注意图 5.4 中作为冗长数据列而删除的水平“东京”对应的回归参数是 0，它是存在的。

SUMMARY OUTPUT

回归统计	
Multiple R	0.680644427
R Square	0.463276836
Adjusted R Square	0.320150659
标准误差	0.974679434
观测值	20

方差分析

	df	SS	MS	F	Significance F
回归分析	4	12.3	3.075	3.236842105	0.042060987
残差	15	14.25	0.95		
总计	19	26.55			

图 5.8　方差分析表（图 2.4）

这样一来，通过数字可以明确地知道水平对结果有怎样的效果，这也可以说是用回归分析来实现方差分析的一大优点。

5.2 双因子设计的回归分析

我们使用回归分析对第 2 章中季节类别夜景评价的双因子设计进行解析（表 5.2）。

表 5.2 夜景评价 (表 2.2)

	A	B	C	D
函馆	8	5	7	8
神户	8	6	7	6
长崎	7	6	6	5
横滨	7	5	7	6
东京	5	4	5	5

在第 4 章中也说过，在回归分析前，需要用虚拟变量 1，0 把文字型的水平转换成数字。

与图 5.1 一样，这个表的数据中包含了多余的数据，存在数据冗长，需要把各个因子删掉 1 个水平。每个因子中随便删除其中的一列即可。

在图 5.9 中，从场所因子、季节因子各删除一列后，得到如图 5.10 的表（本例删除了东京和冬的列）。

NO	场所	函馆	神户	长崎	横滨	东京	季节	春	夏	秋	冬	数据
1	函馆	1	0	0	0	0	春	1	0	0	0	6.4
2	函馆	0	1	0	0	0	夏	1	0	0	0	7.9
3	函馆	0	0	1	0	0	秋	1	0	0	0	6.6
4	函馆	0	0	0	1	0	冬	1	0	0	0	6.9
5	神户	0	0	0	0	1	春	1	1	0	0	5.0
6	神户	1	0	0	0	0	夏	0	1	0	0	7.8
7	神户	0	1	0	0	0	秋	0	1	0	0	6.1
8	神户	0	0	1	0	0	冬	0	1	0	0	5.1
9	长崎	0	0	0	1	0	春	0	1	0	0	5.8
10	长崎	0	0	0	0	1	夏	0	0	1	0	4.7
11	长崎	1	0	0	0	0	秋	0	0	1	0	7.0
12	长崎	0	1	0	0	0	冬	0	0	1	0	7.6
13	横滨	0	0	1	0	0	春	0	0	1	0	7.2
14	横滨	0	0	0	1	0	夏	0	0	1	0	6.9
15	横滨	0	0	0	0	1	秋	0	0	0	0	5.1
16	横滨	1	0	0	0	0	冬	0	0	0	1	5.4
17	东京	0	1	0	0	0	春	0	0	0	1	6.2
18	东京	0	0	1	0	0	夏	0	0	0	1	6.1
19	东京	0	0	0	1	0	秋	0	0	0	1	4.6
20	东京	0	0	0	0	1	冬	0	0	0	1	3.8

图 5. 9 转换成虚拟变量 1,0 之后的表

用数据分析对该表实施回归分析。

Excel 的菜单“工具”→“数据分析”，单击数据分析，在出现的对话框中单击“回归”(图 5.11)，再单击“确定”按钮。

A	B	C	D	E	F	G	H	I	J
NO	函馆	神户	长崎	横滨	东京	春	夏	秋	数据
1	1	0	0	0	0	1	0	0	6.4
2	0	1	0	0	0	1	0	0	7.9
3	0	0	1	0	0	1	0	0	6.6
4	0	0	0	1	0	1	0	0	6.9
5	0	0	0	0	1	1	1	0	5.0
6	1	0	0	0	0	0	1	0	7.8
7	0	1	0	0	0	0	1	0	6.1
8	0	0	1	0	0	0	1	0	5.1
9	0	0	0	1	0	0	1	0	5.8
10	0	0	0	0	1	0	0	1	4.7
11	1	0	0	0	0	0	0	1	7.0
12	0	1	0	0	0	0	0	1	7.6
13	0	0	1	0	0	0	0	1	7.2
14	0	0	0	1	0	0	0	1	6.9
15	0	0	0	0	1	0	0	0	5.1
16	1	0	0	0	0	0	0	0	5.4
17	0	1	0	0	0	0	0	0	6.2
18	0	0	1	0	0	0	0	0	6.1
19	0	0	0	1	0	0	0	0	4.6
20	0	0	0	0	1	0	0	0	3.8

图 5. 10　删除冗长数据列表后的表

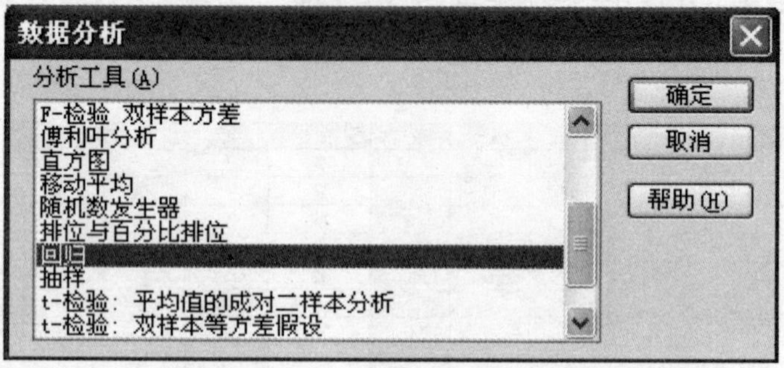

图 5. 11　数据分析之回归

在出现的对话框中如图 5.12 输入，单击“确定”。得到如图 5.13 的回归分析结果。

图 5.13 的第 3 个表，回归参数所表示的回归方程用公式表达为

$$
\text{评价分数} = 3.76 + \begin{cases} 2.00\ (\text{函馆}) \\ \underline{2.30\ (\text{神户})} \\ 1.60\ (\text{长崎}) \\ 1.40\ (\text{横滨}) \\ 0.00\ (\text{东京}) \end{cases} + \begin{cases} 1.34\ (\text{春}) \\ 0.68\ (\text{夏}) \\ \underline{1.54\ (\text{秋})} \\ 0.00\ (\text{冬}) \end{cases}
$$

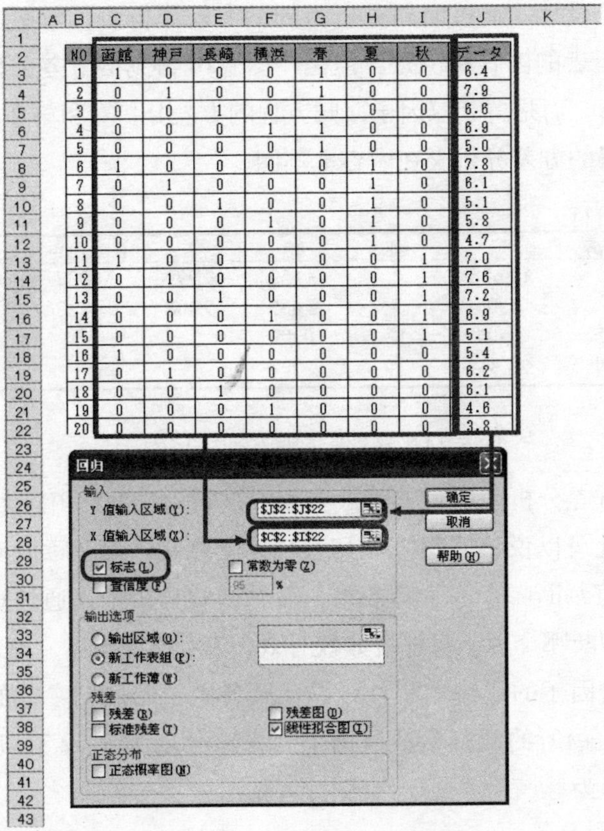

NO	函館	神戸	長崎	横浜	春	夏	秋	データ
1	1	0	0	0	1	0	0	6.4
2	0	1	0	0	1	0	0	7.9
3	0	0	1	0	1	0	0	6.6
4	0	0	0	1	1	0	0	6.9
5	0	0	0	0	1	0	0	5.0
6	1	0	0	0	0	1	0	7.8
7	0	1	0	0	0	1	0	6.1
8	0	0	1	0	0	1	0	5.1
9	0	0	0	1	0	1	0	5.8
10	0	0	0	0	0	1	0	4.7
11	1	0	0	0	0	0	1	7.0
12	0	1	0	0	0	0	1	7.6
13	0	0	1	0	0	0	1	7.2
14	0	0	0	1	0	0	1	6.9
15	0	0	0	0	0	0	1	5.1
16	1	0	0	0	0	0	0	5.4
17	0	1	0	0	0	0	0	6.2
18	0	0	1	0	0	0	0	6.1
19	0	0	0	1	0	0	0	4.6
20	0	0	0	0	0	0	0	3.8

图 5.12　回归分析对话框输入

SUMMARY OUTPUT

回归统计	
Multiple	0.886879
R Square	0.786555
Adjusted	0.662045
标准误差	0.671069
观测值	20

方差分析

	df	SS	MS	F	gnificance F
回归分析	7	19.914	2.844857	6.317225	0.00285
残差	12	5.404	0.450333		
总计	19	25.318			

	Coefficients	标准误差	t Stat	P-value	Lower 95%	Upper 95%	下限 95.0%	上限 95.0%
Intercept	3.76	0.424421	8.859124	1.3E-06	2.835266	4.684734	2.835266	4.684734
函馆	2	0.474517	4.214809	0.0012	0.966116	3.033884	0.966116	3.033884
神户	2.3	0.474517	4.847031	0.0004	1.266116	3.333884	1.266116	3.333884
长崎	1.6	0.474517	3.371848	0.005551	0.566116	2.633884	0.566116	2.633884
横滨	1.4	0.474517	2.950367	0.012136	0.366116	2.433884	0.366116	2.433884
春	1.34	0.424421	3.157241	0.008263	0.415266	2.264734	0.415266	2.264734
夏	0.68	0.424421	1.602182	0.135096	-0.24473	1.604734	-0.24473	1.604734
秋	1.54	0.424421	3.628471	0.00346	0.615266	2.464734	0.615266	2.464734

图 5.13　回归分析的结果

对于单因子设计，通过回归分析得到的方差分析表，与通过方差分析所得到的方差分析表的内容相一致。但是，图 5.10 得到的方差分析表并不是各因子的方差分析，而是关于双因子回归方程的方差分析，和第 2 章图 2.16（即图 5.14）所求得的方差分析表在内容上不同。

方差分析

差异源	SS	df	MS	F	P-value	F crit
行	12.608	4	3.152	6.999	0.0038	3.259
列	7.306	3	2.435	5.408	0.0138	3.49
误差	5.404	12	0.45			
总计	25.318	19				

图 5.14　方差分析表（同图 2.16）

图 5.13 中方差分析表所示 P 值（在表中被写为显著性 F）为 0.00285，远低于 15%，因此可以说该回归方程具有统计学意义。第 2 章所实施的方差分析中，通过 P 值判断哪个因子有效果，而在回归分析中，通过观察回归方程的回归参数，判断哪个因子对评价分数有效，有什么影响。

如果想比较因子的影响大小，可以比较各因子的回归参数的范围。从图 5.13 可以看出，场所的回归参数从函馆到东京分别为 2，2.3，1.6，1.4，0，其回归参数范围为

$$\begin{aligned}\text{回归参数最大值}-\text{回归参数最小值}&=\text{神户的回归参数}\\&\quad-\text{东京的回归参数}\\&=2.3-0=2.3\end{aligned}$$

季节的回归参数从春到冬分别为 1.34，0.68，1.54，0，所以季节的回归参数范围是

$$\begin{aligned}\text{回归参数最大值}-\text{回归参数最小值}&=\text{秋的回归参数}\\&\quad-\text{冬的回归参数}\\&=1.54-0=1.54\end{aligned}$$

场所的影响和季节的影响的大小为 2.3 对 1.54，可知场所的影响大。这个回归参数的范围叫做因子的影响度。将影响度做成图 5.15，就更容易理解了。

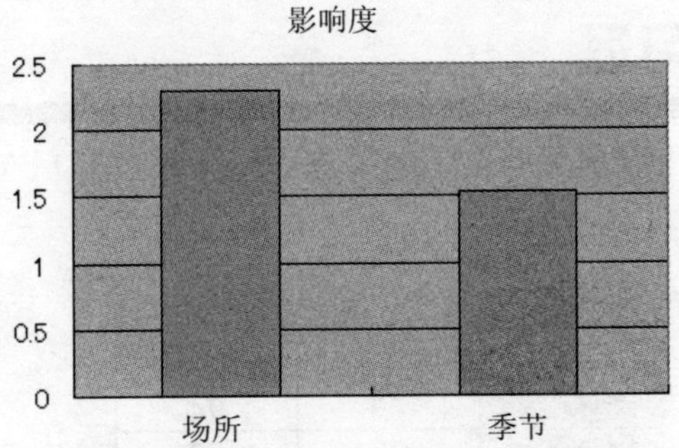

图 5.15 因子的影响度

5.3　练习题

图 5.16 是店内促销（卖场广告、端架陈列、现场销售），宣传方法（宣传单、自动呼叫）所对应的销售数据。

店内促销	宣传方法	
	宣传单	自动呼叫
卖场广告	69	74
端架陈列	73	79
现场销售	79	88

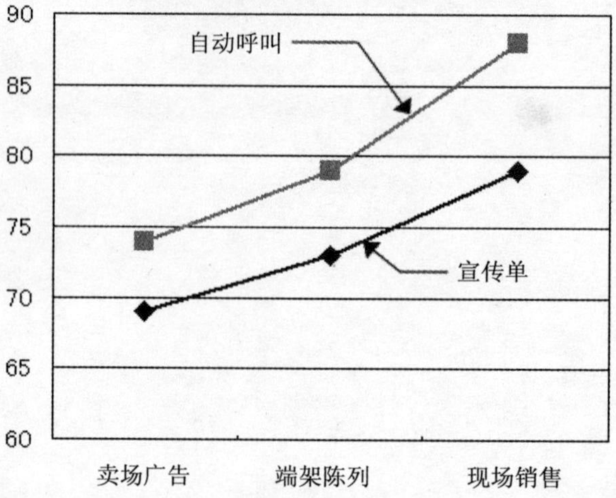

图 5.16　营业额

请进行如下操作。

① 对这些数据做设计列表。

② 用虚拟变量将设计列表转换成数字。

③ 删除冗长的数据列并实施回归分析。

④ 比较因子的影响度，求出哪个因子对营业额更有效果。

⑤ 求表示营业额的回归方程。

参考答案

① 设计列表如图 5.17。

No.	店内促销	宣传方法	数据
1	卖场广告	宣传单	69
2	端架陈列	宣传单	73
3	现场销售	宣传单	79
4	卖场广告	自动呼叫	74
5	端架陈列	自动呼叫	79
6	现场销售	自动呼叫	88

图 5.17 设计列表

② 将设计列表用虚拟变量转换成数字，如图 5.18 所示。

No.	卖场广告	端架陈列	现场销售	宣传单	自动呼叫	数据
1	1	0	0	1	0	69
2	0	1	0	1	0	73
3	0	0	1	1	0	79
4	1	0	0	0	1	74
5	0	1	0	1	1	79
6	0	0	1	1	1	88

图 5.18 利用虚拟变量转换成数字

③ 删除图 5.18 中的冗长列。

例如，从店内促销因子中删除现场销售，从宣传方法因子中删除自动呼叫，得到图 5.19。

No.	卖场广告	端架陈列	宣传单	数据
1	1	0	1	69
2	0	1	1	73
3	0	0	1	79
4	1	0	0	74
5	0	1	1	79
6	0	0	1	88

图 5.19 删除冗长列之后的表

对该表实施回归分析，得到的结果如图 5.20 所示。

④ 因子的影响度可以根据各水平的回归参数求出，如图 5.21 所示。

可知店内促销的影响比宣传方法更大。

⑤ 表示营业额的回归方程，根据图 5.20 可求出。

$$\text{营业额}=86.83+\begin{cases}-12.00\text{（POP 广告）}\\-7.5\text{（终端陈列）}\\0.00\text{（销售演练）}\end{cases}+\begin{cases}-6.67\text{（宣传单）}\\0.00\text{（自动呼叫）}\end{cases}$$

SUMMARY OUTPUT

回归统计	
Multiple R	0.994826065
R Square	0.989678899
Adjusted R Squa	0.948394495
标准误差	1.5
观测值	6

方差分析

	df	SS	MS	F	Significance F
回归分析	4	215.75	53.9375	23.97222222	0.151864954
残差	1	2.25	2.25		
总计	5	218			

	Coefficients	标准误差	t Stat	P-value	Lower 95%	Upper 95%	下限 95.0%	上限 95.0%
Intercept	69.75	4.437059837	15.71986914	0.040443283	13.37180929	126.1281907	13.37180929	126.1281907
No.	2.5	0.5	5	0.125665916	-3.853102367	8.853102367	-3.853102367	8.853102367
卖场广告	-5.75	2.537222891	-2.26625734	0.264552946	-37.98847351	26.48847351	-37.98847351	26.48847351
端架陈列	-5	1.58113883	-3.16227766	0.194982229	-25.09027369	15.09027369	-25.09027369	15.09027369
宣传单	2.5	2.598076211	0.962250449	0.512245709	-30.51168826	35.51168826	-30.51168826	35.51168826

图 5.20　回归分析结果

因子	回归参数的最大值	回归参数的最小值	回归参数的范围
店内促销	0	-12	12
宣传方法	0	-6.6667	6.66667

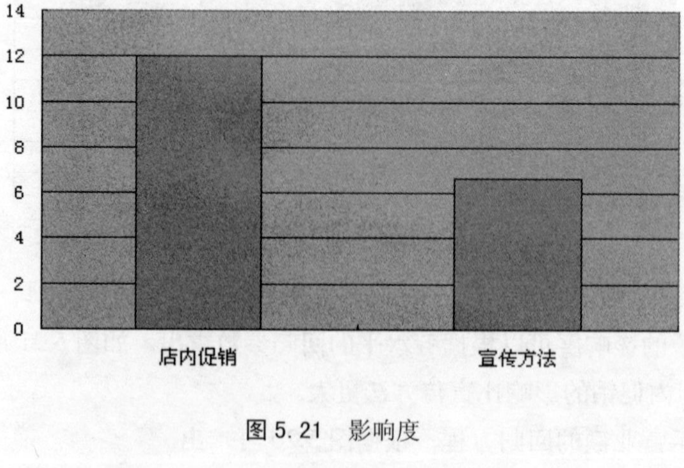

图 5.21　影响度

总 结

- 也可以用回归分析来解析因子设计。
- 对于单因子设计，使用回归分析也能得到与方差分析相同的方差分析表。
- 通过比较回归方程的回归参数可以方便地掌握因子和水平的影响。
- 利用回归分析结果中回归参数的范围可以方便地比较因子影响的大小。

参考文献

1. 渕上美喜、上田太一郎、古谷都紀子『実践ワークショップ Excel 徹底活用ビジネスデータ分析』、秀和システム

2. 上田太一郎、小林真紀、渕上美喜『Excel で学ぶ回帰分析入門』、オーム社

第6章 交互作用

在因子设计中，因子的水平组合会对结果产生不同的影响，我们称之为因子之间的交互作用。交互作用随着因子及水平的性质时有时无。如果忽视交互作用的存在而实施解析，将得不到正确的结果。

有时在试验和调查之后发现存在交互作用，这时可能还得改变方法再做一次实验和调查。

因此最好是在事前充分讨论有没有交互作用，原则上应该选择没有交互作用的因子和水平。在很多情况下，由于没有选好因子和水平，会出现了交互作用。

为了避免这种情况，本章将对交互作用进行解说，介绍包含交互作用在内的因子设计方法。

6.1 何谓交互作用

所谓交互作用，是指某因子的效果随着另一个因子的水平而出现变化，是因子组合之间的效果。

首先，看一个没有交互作用的例子。图 6.1 是饮料和料理组合的调查问卷结果的平均值。

从因子效果图中可以看出，饮料和料理均对评价分数有影响。一方因子的影响不会随着另一方因子水平的影响而产生太大偏差，因子效果图的线条几乎呈相互平行的状态。这时，不能说有交互作用。

	料理		
饮料	法国料理	日本料理	意大利料理
红酒	7.3	6.5	6
日本酒	6.2	5.8	5.5

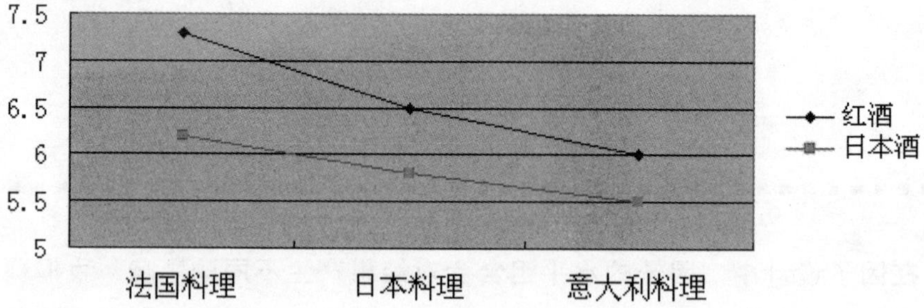

图 6.1　饮料和料理组合的评价数据 (1)

下面看一个有交互作用的例子。重新筛选该问卷的对象，其结果如图 6.2 所示。

这次的因子效果图与图 6.1 不一样，图的线条呈非平行状态。饮料是日本酒，当所搭配的料理是日本料理或其他料理时评价各不相同。像这样一方因子的影响会随着其他因子的水平而大不相同，我们称之为有交互作用。由于是饮料因子和料理因子的交互作用，因此可写做饮料 × 料理的交互作用。

	料理		
饮料	法国料理	日本料理	意大利料理
红酒	7.3	6.1	6
日本酒	6.2	6.9	5.5

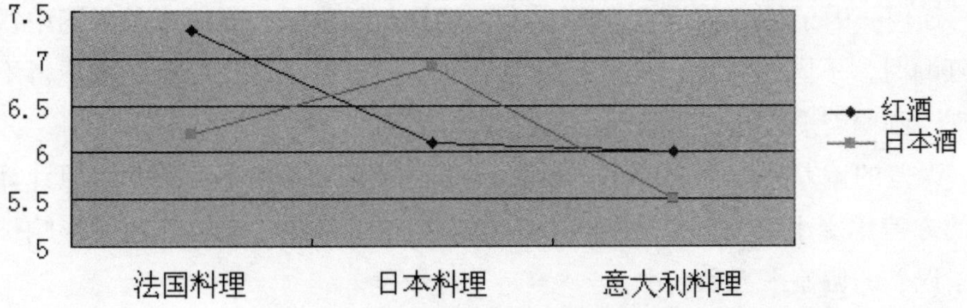

图 6.2　饮料和料理组合的评价数据（2）

6.2 分析交互作用的影响

在这种交互作用的状态下（图 6.3），不能直接使用前面介绍的因子设计的解析方法。我们尝试对图 6.2 的数据进行方差分析。

任何一因子的 P 值均在 15% 以上，结果是无效果。在因子效果图中饮料是红酒时，不同的料理，评价分数明显地不同，但是这在分析结果中得不到体现。画偏差平方和的饼状图，如图 6.4 所示。

误差的偏差平方和占 44%。虽然料理的偏差平方和本身不小，但计算出来的方差比变小了，方差分析并没有体现因子的效果。交互作用的影响被混到了误差的偏差平方和当中。

为了便于比较，我们对没有交互作用的数据（图 6.1）进行方差分析，同样对偏差的平方和绘制饼状图，如图 6.5 所示，误差的偏差平方和缩小到了 5%。

方差分析

差异源	SS	df	MS	F	P－value	F crit
饮料	0.106667	1	0.106667	0.226148	0.681272	18.51282
料理	1.083333	2	0.541667	1.14841	0.465461	19
误差	0.943333	2	0.471667			
总计	2.133333	5				

图 6.3 有交互作用时的方差分析结果

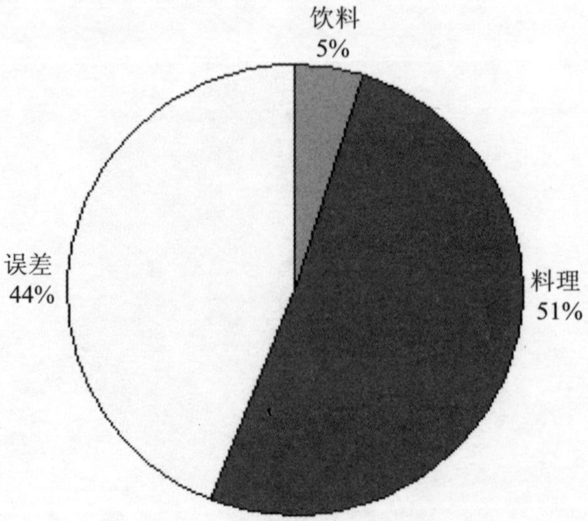

图 6.4 偏差平方和的饼状图

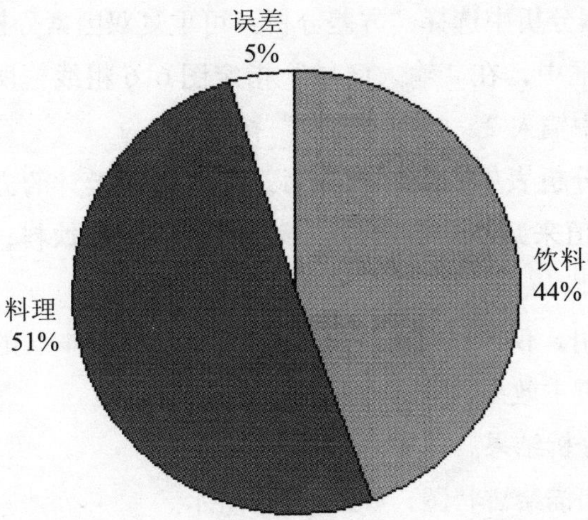

图 6.5 无交互作用时偏差平方和的饼状图

如果能将从误差的偏差平方和中分离交互作用的影响就好了，但是仅图 6.2 的数据不够，因为图 6.2 的数据不够多，达不到分析交互作用的数据量。

我们需要充足的数据以达到统计分析的目的。新增一个分析交互作用的解析目的，就需要相应地增加合适的数据数量。

那该怎么增加数据数量呢？

为了分析交互作用的影响，需要反复获取所有的数据。也就是说，按所有的条件重新获取数据，使每个单元格有 2 个数据而不只是 1 个数据。那是不是说，要重新做一遍问卷调查呢？

其实没有必要。图 6.2 的数据是根据问卷结果的平均值整理而成的。原来问卷调查人数是 10 个人，按每 5 个人重新整理这些数据，各单元格的数据变成了 2 个，就可以分析交互作用了。但是请注意，如果不是随机地将 10 个人分成 5 人一组，将会影响解析效果。

将图 6.2 的数据按每 5 个人的平均值再进行整理，得到图 6.6 的数据。对这数据进行方差分析，就可以分析交互作用的影响。

	料理		
数据	法国料理	日本料理	意大利料理
红酒	7.1	6	5.8
	7.5	6.2	6.2
日本酒	6.1	6.7	5.4
	6.3	7.1	5.6

图 6.6 将图 6.2 数据按每 5 个人的平均值进行汇总

在 Excel 的数据分析中选择“方差分析：可重复双因素分析”。

在出现的对话框中，在“输入区域”指定图 6.6 粗线框所指定的范围，在每一样本的行数中输入 2，单击“确定”按钮。

最下面的方差分析表中有交互的项目。与双因子设计的方差分析一样，通过对应项目的 *P* 值来判断分析结果。该结果样本所示饮料，列所示料理和交互的 *P* 值均在 15% 以下，可知对评价结果都有效果。

相对于交互作用，仅因子的影响称为主效果。根据本次的解析结果，可知饮料、料理都具有主效果。

图 6.9 是方差分析结果。

根据偏差平方和描绘饼状图，如图 6.10 所示。

图 6.4 中原为误差的平方和的大部分被作为交互作用的偏差平方和而分离出去。

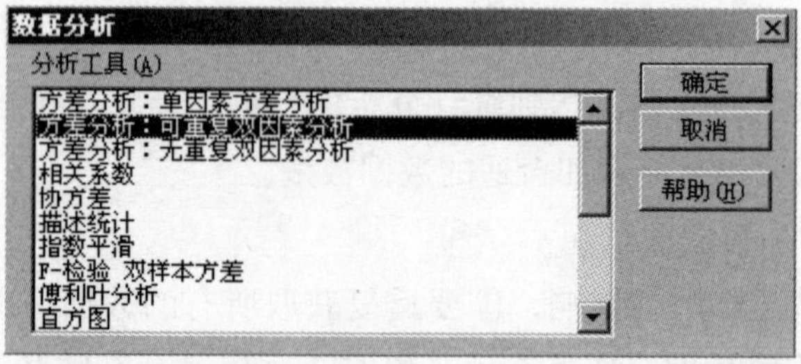

图 6.7　选择“方差分析：可重复双因素分析”

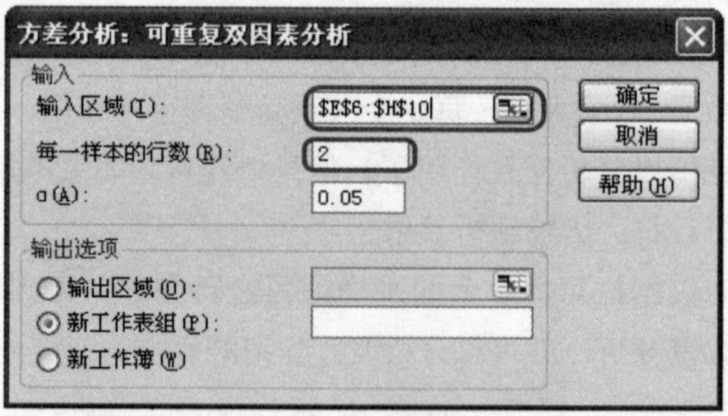

图 6.8　方差分析对话框

方差分析：可重复双因素分析

SUMMARY	法国料理	日本料理	意大利料理	总计
红酒				
观测数	2	2	2	6
求和	14.6	12.2	12	38.8
平均	7.3	6.1	6	6.466666667
方差	0.08	0.02	0.08	0.454666667
日本酒				
观测数	2	2	2	6
求和	12.4	13.8	11	37.2
平均	6.2	6.9	5.5	6.2
方差	0.02	0.08	0.02	0.416
总计				
观测数	4	4	4	
求和	27	26	23	
平均	6.75	6.5	5.75	
方差	0.436666667	0.246666667	0.116666667	

方差分析

差异源	SS	df	MS	F	P-value	F crit
样本	0.213333333	1	0.213333333	4.266666667	0.084400816	5.987377584
列	2.166666667	2	1.083333333	21.66666667	0.001799005	5.14325285
交互	1.886666667	2	0.943333333	18.86666667	0.002582355	5.14325285
内部	0.3	6	0.05			
总计	4.566666667	11				

样本指饮料，列指料理

图 6.9 方差分析结果

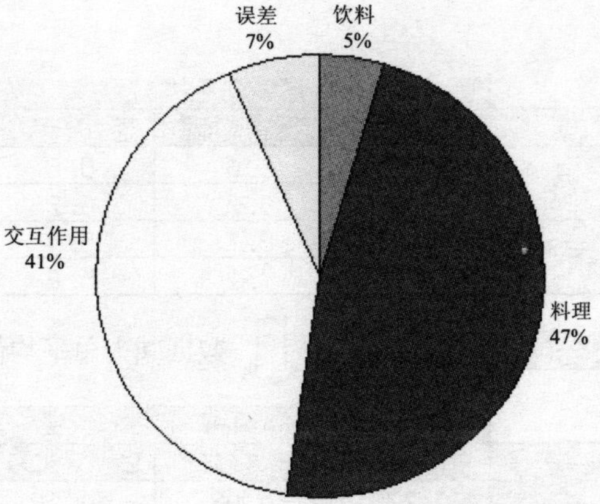

图 6.10 偏差平方和的饼状图

6.3　交互作用的方差分析

本节将说明如何用方差分析来解析交互作用。

我们在具有交互作用的双因子方差分析中，对数据进行如下分解

数据＝总平均＋因子与交互作用引起的偏差
＋（重复）误差引起的偏差

据此，关于偏差平方和可表示为

所有数据的偏差平方和＝因子与交互作用的偏差平方和
＋误差的偏差平方和

所有数据的偏差平方和可以通过数据与总平均值之差的平方和求出（图 6.11）。

	料理		
数据	法国料理	日本料理	意大利料理
红酒	7.1	6.0	5.8
	7.5	6.2	6.2
日本酒	6.1	6.7	5.4
	6.3	7.1	5.6

总平均值	6.33

数据减去总平均值

	料理		
偏差	法国料理	日本料理	意大利料理
红酒	0.77	-0.03	-0.53
	1.17	-0.13	-0.13
日本酒	-0.23	0.37	-0.93
	-0.03	0.77	-0.73

平方

偏差平方和	料理		
	法国料理	日本料理	意大利料理
红酒	0.5878	0.1111	0.2844
	1.3611	0.0178	0.0178
日本酒	0.0544	0.1344	0.8711
	0.0011	0.5878	0.5378

所有偏差平方和	4.5667

求和

图 6.11　所有数据的偏差平方和

求得所有数据的偏差平方和为 4.5667。

因子与交互作用的偏差平方和通过对同一条件的数据取平均值，并计算其与总平均值之差的平方和求出的。但是，为了合计所有数据，需要把合计值乘以相同条件的数据数量（这次是重复数是 2，所以乘以 2）（图 6.12）。

平均	料理		
	法国料理	日本料理	意大利料理
红酒	7.3	6.1	6.0
日本酒	6.2	6.9	5.5

对每 2 个条件相同的数求平均值，再减去总平均 (6.33)

偏差	料理		
	法国料理	日本料理	意大利料理
红酒	0.97	-0.23	-0.33
日本酒	-0.13	0.57	-0.83

平方

偏差平方和	料理		
	法国料理	日本料理	意大利料理
红酒	0.9344	0.0544	0.1111
日本酒	0.0178	0.3211	0.6944

求和之后乘以 2

因子与交互作用的偏差平方和	4.2667

图 6.12 因子与交互作用的偏差平方和

因子与交互作用的偏差平方和为 4.2667。误差的偏差平方和可以通过所有数据的偏差平方和减去因子与交互作用的偏差平方和求出，即

误差的偏差平方和 = 所有数据的偏差平方和

− 因子与交互作用的偏差平方和

$= 4.5667 - 4.2667 = 0.3$

因子与交互作用的偏差平方和是因子的偏差平方和与交互作用的偏差平方和之和，故可以如下分解，即

因子与交互作用的偏差平方和 = 饮料的偏差平方和

\+ 料理的偏差平方和

\+ 交互作用的偏差平方和

饮料的偏差平方和与料理的平方和可以按照图 2.17 的顺序求出（图 6.13）。

其结果，料理的偏差平方和是 0.2133，料理的偏差平方和是 2.1667。从因子与交互作用的偏差平方和中减去这两个值，就可以求出交互作用的偏差

数据	料理			各平均	与总平均的差	←平方
	法国料理	日本料理	意大利料理			
红酒	7.1	6.0	5.8	6.47	0.13	0.0178
	7.5	6.2	6.2			
日本酒	6.1	6.7	5.4	6.2	-0.13	0.0178
	6.3	7.1	5.6			
各平均值	6.75	6.5	5.75			
与总平均值的差	0.42	0.17	-0.58			
↑平方	0.1736	0.0278	0.3403			

饮料的偏差平方和	0.2133

求和之后乘以4

料理的偏差平方和	2.1667

图 6.13　因子的偏差平方和

平方和。

交互作用的偏差平方和＝因子与交互作用的偏差平方和

－饮料的偏差平方和－料理的偏差平方和

＝4.2667-0.2133-2.1667＝1.8867

将以上求得的偏差平方和归纳如下。

饮料的偏差平方和＝0.2133

料理的偏差平方和＝2.1667

交互作用的偏差平方和＝1.8867

误差的偏差平方和＝0.3

求出偏差平方和后，剩下的和双因子设计的方差分析一样。

用偏差平方和除以自由度求出方差。交互作用的自由度等于各因子的自由度乘积。

饮料的自由度＝饮料的水平数 -1 ＝ 2 － 1 ＝ 1

料理的自由度＝料理的水平数 -1 ＝ 3 － 1 ＝ 2

交互作用的自由度＝饮料的自由度 × 料理的自由度＝ 2×1 ＝ 2

误差的自由度＝全体的自由度－上面 3 个自由度的合计

＝全部数据数 -1- 上面 3 个自由度的合计

＝ 12 － 1 － 1 － 2 － 2 ＝ 6

因此

饮料的方差＝ 0.2133/1 ＝ 0.2133

料理的方差＝ 2.1667/2 ＝ 1.0833

交互作用的方差＝ 1.8867/2 ＝ 0.9433

误差的方差 = 0.3/6 = 0.05

将所求得的饮料的方差、料理的方差和交互作用的方差分别除以误差的差，求出方差比。

饮料的方差比 = 0.2133/0.05 = 4.266

料理的方差比 = 1.0833/0.05 = 21.666

交互作用的方差比 = 0.9433/0.05 = 18.866

利用方差比求出 *P* 值。

饮料的 *P* 值：FDIST（4.266,1,6）= 0.0844

料理的 *P* 值：FDIST（21.666,2,6）= 0.0844

交互作用的 *P* 值：FDIST（18.866,2,6）= 0.0026

注意以上数据和图 6.9 的方差分析表一致。

6.4　3 因子设计的交互作用

在第 2 章 2.3 节中，我们将下面的 3 因子设计分解为 3 次单因子设计，并组合方差分析的结果，同时介绍了 3 因子方差分析表的制作顺序。看表 6.1，其方差分析结果如图 6.14 所示。

表 6.1　销售与营业额（表 2.23）

广告	AC	持续时间		
		一个月	两个月	三个月
宣传单	有	60	66	77
	无	67	80	83
专业商品目录	有	75	76	90
	无	80	87	89
POP	有	64	66	71
	无	64	65	66

方差分析（3因子）

差异源	SS	df	MS	F	P-value	F crit
广告	870.33	2	435.167	22.158	0.0001	3.885
AC	72	1	72	3.666	0.0797	4.747
持续期间	364	2	182	9.267	0.0037	3.885
误差	235.67	12	19.639			
总计	1542	17				

图 6.14　3 因子方差分析表（图 2.26）

实际上，3 因子设计的数据量足够分析交互作用。也就是说，利用表 6.1 的数据可以制作包含交互作用在内的方差分析表。

在这里，为了详细说明方差分析表的求解方法，我们采取与前面相同的计算方法对表 6.1 的数据求方差分析表。

首先，求出所有数据的偏差平方和。与图 6.11 相同，求表 6.1 的各数据与总平均值的差，再平方求和（图 6.15）。

所有数据的偏差平方和为 1542。这与图 2.26 的偏差平方和一致。

广告	AC auto call	持续时间		
		一个月	两个月	三个月
宣传单	有	60	66	77
	无	67	80	83
专业商品目录	有	75	76	90
	无	80	87	89
POP	有	64	66	71
	无	64	65	66

总平均	73.66667

所有数据减去总平均

广告	AC auto call	持续时间		
		一个月	两个月	三个月
宣传单	有	-13.6667	-7.66667	3.333333
	无	-6.6667	6.333333	9.333333
专业商品目录	有	1.333333	2.333333	16.333333
	无	6.333333	13.333333	15.333333
POP	有	-9.66667	-7.66667	-2.66667
	无	-9.66667	-8.66667	-7.66667

平方

广告	AC auto call	持续时间		
		一个月	两个月	三个月
宣传单	有	186.7778	58.77778	11.11111
	无	44.44444	40.11111	87.11111
专业商品目录	有	1.777778	5.444444	266.7778
	无	40.11111	177.7778	235.1111
POP	有	93.44444	58.77778	7.111111
	无	93.44444	75.11111	58.77778

求和

总偏差平方和	1542

图 6.15　所有数据的偏差平方和

接下来，求因子与交互作用的偏差平方和，从3因子当中挑选2个因子并做成表。从广告、AC、持续时间中选取2个因子的方法有广告和AC、广告和持续时间、AC和持续时间3种。做成3个表，如图6.16所示。这样的表称为二元表。

与图6.12一样，我们分别对这3个表求因子与交互作用的偏差平方和（图6.17）、（图6.18）、（图6.19）。

① 广告AC

广告	AC	
	有	无
宣传单	60	67
	66	80
	77	83
专业商品目录	75	80
	76	87
	90	89
POP	64	64
	66	65
	71	66

② 广告持续时间

广告	持续时间		
	一个月	两个月	三个月
宣传单	60	66	77
	67	80	83
专业商品目录	75	76	90
	80	87	89
POP	64	66	71
	64	65	66

③ AC持续时间

AC	持续时间		
	一个月	两个月	三个月
有	60	66	77
	75	76	90
	64	66	71
无	67	80	83
	80	87	89
	64	65	66

图6.16 二元表

广告	AC	
	有	无
宣传单	60	67
	66	80
	77	83
专业商品目录	75	80
	76	87
	90	89
POP	64	64
	66	65
	71	66

对相同条件的3个数据求平均值

广告	AC	
	有	无
宣传单	67.66667	76.66667
专业商品目录	80.33333	85.33333
POP	67	65

减去总平均值

广告	AC	
	有	无
宣传单	-6	3
专业商品目录	6.66667	11.66667
POP	-6.66667	-8.66667

平方

广告	AC	
	有	无
宣传单	36	9
专业商品目录	44.44444	136.1111
POP	44.44444	75.11111

求和后乘以3

广告和AC的偏差平方和	1035.333

图 6.17　广告和 AC 因子与交互作用的偏差平方和

广告	持续时间		
	一个月	两个月	三个月
宣传单	60	66	77
	67	80	83
专业商品目录	75	76	90
	80	87	89
POP	64	66	71
	64	65	66

总平均值	73.66667

对相同条件的2个数据求平均值

广告	持续时间		
	一个月	两个月	三个月
宣传单	63.5	73	80
专业商品目录	77.5	81.5	89.5
POP	64	65.5	68.5

减去总平均值

广告	持续时间		
	一个月	两个月	三个月
宣传单	-10.1667	-0.66667	6.333333
专业商品目录	3.833333	7.833333	15.83333
POP	-9.66667	-8.16667	-5.16667

平方

广告	持续时间		
	一个月	两个月	三个月
宣传单	103.3611	0.444444	40.11111
专业商品目录	14.69444	61.36111	250.6944
POP	93.44444	66.69444	26.69444

求和后乘以2

广告和持续时间的偏差平方和	1315

图 6.18　广告和持续时间因子与交互作用的偏差平方和

从上面求出的 3 个偏差平方和中除去纯因子的偏差平方和，就只剩下交互作用的偏差平方和了。纯因子的偏差平方和可以借助图 6.16 中的任意两个二元表，按图 6.13 的方法求出（图 6.20）。

由以上求出

所有数据的偏差平方和＝ 1542

广告和 AC 的偏差平方和＝ 1035.33

广告和持续时间的偏差平方和＝ 1315

AC 和持续时间的偏差平方和＝ 484

广告的偏差平方和＝ 870.33

AC 的偏差平方和＝ 72

持续时间的偏差平方和＝ 364

AC	持续时间		
	一个月	两个月	三个月
有	60	66	77
	75	76	90
	64	66	71
无	67	80	83
	80	87	89
	64	65	66

总平均值	73.66667

对相同条件的2个数据求平均值

AC	持续时间		
	一个月	两个月	三个月
有	66.33333	69.33333	79.33333
无	70.33333	77.33333	79.33333

减去总平均值

AC	持续时间		
	一个月	两个月	三个月
有	-7.33333	-4.33333	5.666667
无	-3.33333	3.666667	5.666667

平方

AC	持续时间		
	一个月	两个月	三个月
有	53.77778	18.77778	32.11111
无	11.11111	13.44444	32.11111

求和后乘以2

AC和持续时间的偏差平方和	484

图 6.19　AC 和持续时间因子与交互作用的偏差平方和

①从广告和持续时间的二元表中求广告和持续时间的偏差平方和

广告	持续时间			各平均值	与总平均值的差	←平方
	一个月	两个月	三个月			
宣传单	60	66	77	72.16667	-1.5	2.25
	67	80	83			
专业商品目录	75	76	90	82.83333	9.166667	84.02778
	80	87	89			
POP	64	66	71	66	-7.66667	58.77778
	64	65	66			
各平均值	68.33333	73.33333	79.33333			
与总平均值的差	-5.33333	-0.33333	5.666667			
偏差平方和	28.44444	0.111111	32.11111			

求和后乘以6

持续时间的偏差平方和	364

求和后乘以6

广告的偏差平方和	870.3333

②从AC和持续时间的二元表中求AC的偏差平方和

AC	持续时间			各平均值	与总平均值的差	←平方
	一个月	两个月	三个月			
有	60	66	77	71.66667	-2	4
	75	76	90			
	64	66	71	75.66667	2	4
无	67	80	83			
	80	87	89			
	64	65	66			

求和后乘以9

AC的偏差平方和	72

图 6.20　因子的偏差平方和

交互作用的偏差平方和为

广告 ×AC 的偏差平方和＝广告和 AC 的偏差平方和

－广告的偏差平方和 －AC 的偏差平方和

＝ 1035.33－870.33－72 ＝ 93

广告 × 持续时间的偏差平方和＝广告和持续时间的偏差平方和

－广告的偏差平方和

－持续时间的偏差平方和

＝ 1315－870.33－364 ＝ 80.67

AC 的偏差平方和 × 持续时间的偏差平方和＝AC 和持续时间的偏差平方和
-AC 的偏差平方和
- 持续时间的偏差平方和
＝ 484-72-364 ＝ 48

求出偏差平方和后，接下来的步骤和前面一样。将各个偏差平方值除以自由度，求出方差，并除以误差的方差，求出方差比，从而求出 P 值。其结果如图 6.21 的方差分析表所示。

该结果中，广告、AC 及持续时间的主效果，广告 ×AC 的交互作用、广告 × 持续时间、AC× 持续时间的所有交互作用的 P 值均在 15% 以下，可知都对营业额有效果。为了提升营业额，也要注意因子之间的组合来制定促销方法。

像这样，3 因子设计除了因子的主效果，也能解析其中的交互作用。

方差分析

差异源	SS	df	MS	F	P-value
广告	870.3333	2	435.1667	124.3333	0.000251
AC	72	1	72	20.57143	0.010533
持续时间	364	2	182	52	0.001372
广告×AC	93	2	46.5	13.28571	0.017119
广告×持续时间	80.66667	4	20.16667	5.761905	0.059143
AC×持续时间	48	2	24	6.857143	0.050989
误差	14	4	3.5		
总计	1542	17			

图 6.21　方差分析表

总 结

- 所谓交互作用，是指因子各水平间的组合效果。相对于交互作用，仅有因子起作用的效果称为主效果。
- 交互作用的解析需要充足的数据。双因子设计需要相同条件下的重复数据。
- 3 因子设计已达到了交互作用解析所需要的数据量，因此可以实现包括交互作用在内的解析。

参考文献

1. 鷲尾泰俊『実験の計画と解析』、岩波書店

2. 渕上美喜、上田太一郎、古谷都紀子『実践ワークショップ　Excel 徹底活用ビジネスデータ分析』、秀和システム

第7章 拉丁方阵

我们在第 1 章也讲过，前面介绍的因子设计方法随着因子数量的增加，不仅解析会变得复杂，试验次数及调查项目数也会增多，以致试验及调查工作变得困难。

因此对于实际的多因子试验及调查，需要使用某种方法来减少试验次数（调查项目数）。在因子设计中，我们使用便利的拉丁方阵和正交表等。

例如，对 4 水平的 3 个因子，3 因子设计法需要试验 64 次。但是，如果使用拉丁方阵则只要试验 16 次即可。

本章将对使用拉丁方阵的因子设计及其数据的解析方法进行解说。

7.1　什么是拉丁方阵

所谓拉丁方阵，是指在边数为 n 的 n 个正方形里面放入 n 种不同的符号，每行每列不能出现相同的符号。图 7.1 为 3×3 的正方形方格，将 A，B，C 这 3 个符号无重复地分配到各行各列中去。

拉丁方阵中的“拉丁”是指字母，“方阵”是指正方形。当然，拉丁方阵里可以使用字母以外的符号，由于字母被经常使用，因此被数学家欧拉命名为“拉丁方阵”。

A	B	C
B	C	A
C	A	B

图 7.1　3×3 拉丁方阵

像图 7.1 一样，第 1 列和第 1 行的符号井然有序地排放着，这种拉丁方阵被称为“基准型”或者“标准型”。3×3 拉丁方阵除了这个基准型之外，加上行和列交换后的方阵共有 12 类。

4×4 拉丁方阵的基准型有下面所示 4 种，加上行和列交换后的方阵共有 576 种（图 7.2）。

A	B	C	D
B	A	D	C
C	D	A	B
D	C	B	A

A	B	C	D
B	A	D	C
C	D	B	A
D	C	A	B

A	B	C	D
B	C	D	A
C	D	A	B
D	A	B	C

A	B	C	D
B	D	A	C
C	A	D	B
D	C	B	A

图 7.2　4×4 拉丁方阵的基准型

拉丁方阵中，由于 n 种符号被均匀地分配到 $n \times n$ 个方阵，我们就可以利用它均匀地分配因子和水平，做成设计列表。我们在 3×3 拉丁方阵中，分配 3 水平数的 3 个因子，如图 7.3 所示，并做成如图 7.4 的设计列表。

3 水平数的 3 个因子，通常的因子设计要试验 27 次，但如果利用拉丁方阵，只要实施 9 次。如果是 4 水平的 3 个因子，通常的因子设计要试验 64 次，而

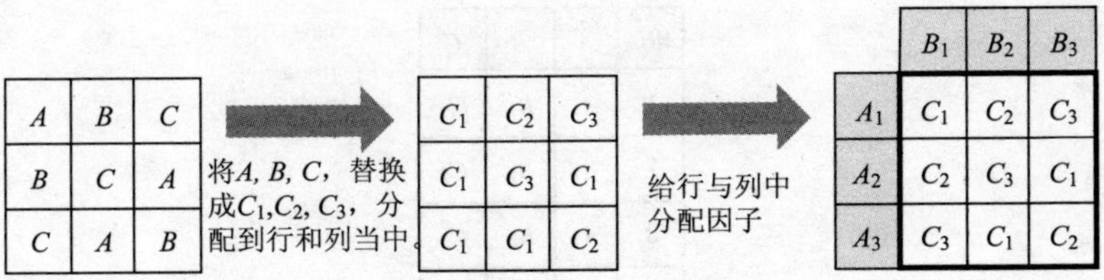

图 7.3 往拉丁方阵分配因子

No.	因子A	因子B	因子C
1	A_1	B_1	C_1
2	A_1	B_2	C_2
3	A_1	B_3	C_3
4	A_2	B_1	C_2
5	A_2	B_2	C_3
6	A_2	B_3	C_1
7	A_3	B_1	C_3
8	A_3	B_2	C_1
9	A_3	B_3	C_2

图 7.4 3×3 拉丁方阵的设计列表

	B_1	B_2	B_3	B_4
A_1	C_1	C_2	C_3	C_4
A_2	C_2	C_1	C_4	C_3
A_3	C_3	C_4	C_1	C_2
A_4	C_4	C_3	C_2	C_1

图 7.5 往 4×4 拉丁方阵分配因子和水平

分配到图 7.5 所示 4×4 的拉丁方阵后，现在只要 16 次即可，分配后表格如图 7.6 所示。

No.	A	B	C
1	A_1	B_1	C_1
2	A_1	B_2	C_2
3	A_1	B_3	C_3
4	A_1	B_4	C_4
5	A_2	B_1	C_2
6	A_2	B_2	C_1
7	A_2	B_3	C_4
8	A_2	B_4	C_3
9	A_3	B_1	C_3
10	A_3	B_2	C_4
11	A_3	B_3	C_1
12	A_3	B_4	C_2
13	A_4	B_1	C_4
14	A_4	B_2	C_3
15	A_4	B_3	C_2
16	A_4	B_4	C_1

图 7.6　4×4 拉丁方阵的设计列表

7.2　希腊拉丁方阵

把两种 4×4 拉丁方阵组合，并使组合后的方阵内不出现重复内容，如图 7.7，这种方法就叫“希腊拉丁方阵”。利用希腊拉丁方阵分配因子和水平，4 水平数的 4 个因子，其因子设计只要试验 16 次即可（图 7.8）。

但是，拉丁方阵和希腊拉丁方阵不能分析因子设计的交互作用。由于它的数据量达不到解析交互作用的要求，只适合分析因子的主效果。

A	B	C	D
B	A	D	C
C	D	A	B
D	C	B	A

+

a	c	d	b
b	d	c	a
c	a	b	d
d	b	a	c

→

Aa	Bc	Cd	Db
Bb	Ad	Dc	Ca
Cc	Da	Ab	Bd
Dd	Cb	Ba	Ac

将$A \to C_1$，$B \to C_2$，
$C \to C_3$，$D \to C_4$等转换

	B_1	B_2	B_3	B_4
A_1	C_1D_1	C_2D_3	C_3D_4	C_4D_2
A_2	C_2D_2	C_1D_4	C_4D_3	C_3D_1
A_3	C_3D_3	C_4D_1	C_1D_2	C_2D_4
A_4	C_4D_4	C_3D_2	C_2D_1	C_1D_3

图 7.7　希腊拉丁方阵

No.	A	B	C	D
1	A_1	B_1	C_1	D_1
2	A_1	B_2	C_2	D_3
3	A_1	B_3	C_3	D_4
4	A_1	B_4	C_4	D_2
5	A_2	B_1	C_2	D_2
6	A_2	B_2	C_1	D_4
7	A_2	B_3	C_4	D_3
8	A_2	B_4	C_3	D_1
9	A_3	B_1	C_3	D_3
10	A_3	B_2	C_4	D_1
11	A_3	B_3	C_1	D_2
12	A_3	B_4	C_2	D_4
13	A_4	B_1	C_4	D_4
14	A_4	B_2	C_3	D_2
15	A_4	B_3	C_2	D_1
16	A_4	B_4	C_1	D_3

图 7.8　希腊拉丁方阵的设计列表

7.3　4×4 拉丁方阵的应用实例—什么样的二手车受欢迎?

接下来让我们运用拉丁方阵来实际解析因子设计。图 7.9 为关于二手车的问卷调查 。

这是有关二手车的问卷调查。

请您根据“可以接受”的程度对选项评分，满分是 10 分。

10 分满分，请打分。

No.	特征	精品	车身颜色	评分
1	行驶距离短	天窗	银	
2	行驶距离短	车载导航	白	
3	行驶距离短	车载电视	红	
4	行驶距离短	ETC	黑	
5	车检剩余时间长	天窗	白	
6	车检剩余时间长	车载导航	银	
7	车检剩余时间长	车载电视	黑	
8	车检剩余时间长	ETC	红	
9	价格适中	天窗	红	
10	价格适中	车载导航	黑	
11	价格适中	车载电视	银	
12	价格适中	ETC	白	
13	喜欢的厂家品牌	天窗	黑	
14	喜欢的厂家品牌	车载导航	红	
15	喜欢的厂家品牌	车载电视	白	
16	喜欢的厂家品牌	ETC	银	

你是车迷吗?	在相应项目填○
是的	
一般	

图 7.9　问卷调查

表 7.1 中是二手车选定标准的调查问卷中的因子和水平。

表 7.1　二手车调查问卷的因子和水平

因子	第1水平	第2水平	第3水平	第4水平
特征	行驶距离短	车检剩余时间长	价格适中	喜欢的厂家品牌
精品	天窗	车载导航	车载电视	ETC
车身颜色	银	白	红	黑

这是 4 水平的 3 因子，为了优化调查项目数，利用 4×4 拉丁方阵来设计实验。

使用图 7.5 所示的 4×4 拉丁方阵，把因子和水平分配到图 7.6 中的设计列表，做成调查问卷如图 7.9。

展开问卷调查，从 22 个人的回答中取平均值，如图 7.10 所示。

No.	特征	精品	车身颜色	评分
1	行驶距离短	天窗	银	5.4
2	行驶距离短	车载导航	白	7.2
3	行驶距离短	车载电视	红	3.3
4	行驶距离短	ETC	黑	5.3
5	车检剩余时间长	天窗	白	3.9
6	车检剩余时间长	车载导航	银	6.6
7	车检剩余时间长	车载电视	黑	4.6
8	车检剩余时间长	ETC	红	3.1
9	价格适中	天窗	红	3.7
10	价格适中	车载导航	黑	7.2
11	价格适中	车载电视	银	5.1
12	价格适中	ETC	白	4.7
13	喜欢的厂家品牌	天窗	黑	5.1
14	喜欢的厂家品牌	车载导航	红	5.0
15	喜欢的厂家品牌	车载电视	白	4.2
16	喜欢的厂家品牌	ETC	银	6.1

图 7.10　调查问卷结果

我们对这些数据进行解析。

使用拉丁方阵的因子设计，其解析方法有 2 种。要么实施 3 次单因子解析的方差分析做成方差分析表（与第 2 章 2.3 节中介绍的 3 因子设计的解析方法相同），要么利用第 5 章中所介绍的回归分析。在这里我们先使用操作连贯且容易理解的回归分析来解析。

首先，将图 7.10 设计列表中的一部分通过虚拟变量 1，0 转换成数字。添加列，填入水平名称，对照设计列表，对应水平替换成 1，其他替换为 0，全部替换成数字后如图 7.11 所示。

No.	行驶距离短	车检剩余时间长	价格适中	喜欢的厂家品牌	天窗	车载导航	车载电视	ETC	银	白	红	黑	评分
1	1	0	0	0	1	0	0	0	1	0	0	0	5.4
2	1	0	0	0	0	1	0	0	0	1	0	0	7.2
3	1	0	0	0	0	0	1	0	0	0	1	0	3.3
4	1	0	0	0	0	0	0	1	0	0	0	1	5.3
5	0	1	0	0	0	0	0	0	0	1	0	0	3.9
6	0	1	0	0	1	1	0	0	1	0	0	0	6.6
7	0	1	0	0	0	0	1	0	0	0	0	1	4.6
8	0	1	0	0	0	0	0	1	0	0	1	0	3.1
9	0	0	1	0	0	0	0	0	0	0	1	0	3.7
10	0	0	1	0	0	1	0	0	0	0	0	1	7.2
11	0	0	1	0	1	0	1	0	1	0	0	0	5.1
12	0	0	1	0	0	0	0	1	0	1	0	0	4.7
13	0	0	0	1	0	0	0	0	0	0	0	1	5.1
14	0	0	0	1	0	1	0	0	0	0	1	0	5.0
15	0	0	0	1	0	0	1	0	0	1	0	0	4.2
16	0	0	0	1	1	0	0	1	1	0	0	0	6.1

图 7.11　用虚拟变量转换成数字之后的表

由于存在冗长数据，为消除这种现象，我们从每个因子删除 1 列水平。在这里，我们删除喜欢的厂家品牌、ETC、黑这三列。

运用 Excel 数据分析回归对这个表（图 7.12）进行解析。

No.	行驶距离短	车检剩余时间长	价格适中	天窗	车载导航	车载电视	银	白	红	评分
1	1	0	0	1	0	0	1	0	0	5.4
2	1	0	0	0	1	0	0	1	0	7.2
3	1	0	0	0	0	1	0	0	1	3.3
4	1	0	0	0	0	0	0	0	0	5.3
5	0	1	0	1	0	0	0	1	0	3.9
6	0	1	0	0	1	0	1	0	0	6.6
7	0	1	0	0	0	1	0	0	0	4.6
8	0	1	0	0	0	0	0	0	1	3.1
9	0	0	1	1	0	0	0	0	1	3.7
10	0	0	1	0	1	0	0	0	0	7.2
11	0	0	1	0	0	1	1	0	0	5.1
12	0	0	1	0	0	0	0	1	0	4.7
13	0	0	0	1	0	0	0	0	0	5.1
14	0	0	0	0	1	0	0	0	1	5.0
15	0	0	0	0	0	1	0	1	0	4.2
16	0	0	0	0	0	0	1	0	0	6.1

图 7.12　各因子删除 1 个水平列之后的表

在数据分析回归的对话框中，如图 7.13 输入，并单击“确定”按钮，得到如图 7.14 的回归分析结果。

根据图 7.14 左下的回归参数，如下求出评价分数的回归方程。

	A	B	C	D	E	F	G	H	I	J	K
1	No.	行驶距离短	车检剩余时间长	价格适中	天窗	车载导航	车载电视	银	白	红	评分
2	1	1	0	0	1	0	0	1	0	0	5.4
3	2	1	0	0	0	1	0	0	1	0	7.2
4	3	1	0	0	0	0	1	0	0	1	3.3
5	4	1	0	0	0	0	0	0	0	0	5.3
6	5	0	1	0	1	0	0	0	1	0	3.9
7	6	0	1	0	0	1	0	1	0	0	6.6
8	7	0	1	0	0	0	1	0	0	0	4.6
9	8	0	1	0	0	0	0	0	0	1	3.1
10	9	0	0	1	1	0	0	0	0	1	3.7
11	10	0	0	1	0	1	0	0	0	0	7.2
12	11	0	0	1	0	0	1	1	0	0	5.1
13	12	0	0	1	0	0	0	0	1	0	4.7
14	13	0	0	0	1	0	0	0	0	0	5.1
15	14	0	0	0	0	1	0	0	0	1	5
16	15	0	0	0	0	0	1	0	1	0	4.2
17	16	0	0	0	0	0	0	1	0	0	6.1
18											

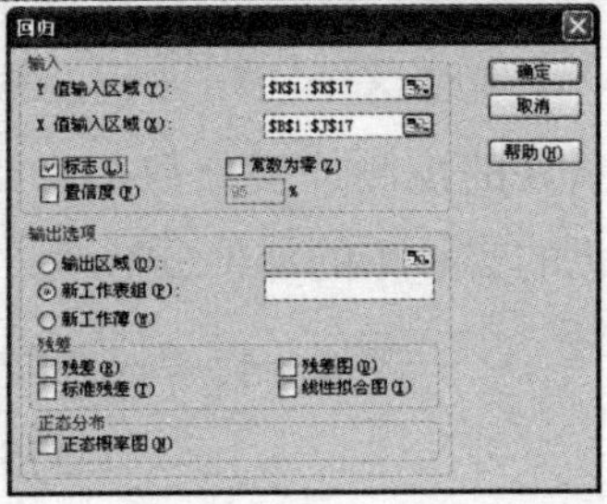

图 7.13　回归分析的对话框

SUMMARY OUTPUT

回归统计	
Multiple R	0.980774264
R Square	0.961918158
Adjusted R Square	0.904795395
标准误差	0.390245649
观测值	16

方差分析

	df	SS	MS	F	Significance F
回归分析	9	23.080625	2.564513889	16.83948928	0.001338304
残差	6	0.91375	0.152291667		
总计	15	23.994375			

	Coefficients	标准误差	t Stat	P-value	Lower 95%	Upper 95%	下限 95.0%	上限 95.0%
Intercept	5.3875	0.308516275	17.46261201	2.26167E-06	4.632587873	6.142412127	4.632587873	6.142412127
行驶距离短	0.2	0.275945345	0.724781207	0.4958668	-0.475213933	0.875213933	-0.475213933	0.875213933
车检剩余时间长	-0.55	0.275945345	-1.993148318	0.093308042	-1.225213933	0.125213933	-1.225213933	0.125213933
价格适中	0.075	0.275945345	0.271792953	0.794891358	-0.600213933	0.750213933	-0.600213933	0.750213933
天窗	-0.275	0.275945345	-0.996574159	0.357449203	-0.950213933	0.400213933	-0.950213933	0.400213933
车载导航	1.7	0.275945345	6.160640257	0.000839298	1.024786067	2.375213933	1.024786067	2.375213933
车载电视	-0.5	0.275945345	-1.811953017	0.119950054	-1.175213933	0.175213933	-1.175213933	0.175213933
银	0.25	0.275945345	0.905976508	0.399866462	-0.425213933	0.925213933	-0.425213933	0.925213933
白	-0.55	0.275945345	-1.993148318	0.093308042	-1.225213933	0.125213933	-1.225213933	0.125213933
红	-1.775	0.275945345	-6.432433209	0.000667441	-2.450213933	-1.099786067	-2.450213933	-1.099786067

图 7.14　回归分析结果

特征　　　　　　　　　　　　精品

$$\text{评价分数}=5.3875+\left\{\begin{array}{l}\underline{0.200\ (\text{行驶距离短})}\\ -0.550\ (\text{车检剩余时间长})\\ 0.075\ (\text{价格适中})\\ 0.00\ (\text{喜欢的厂家品牌})\end{array}\right.+\left\{\begin{array}{l}-0.275(\text{天窗})\\ \underline{1.700(\text{车载导航})}\\ -0.500(\text{车载电视})\\ 0.00(\text{ETC})\end{array}\right.$$

车身颜色

$$+\left\{\begin{array}{l}\underline{0.250\ (\text{银})}\\ -0.550\ (\text{白})\\ -1.775\ (\text{红})\\ 0.00\ (\text{黑})\end{array}\right.$$

请注意在生成图 7.14 时，之前被删除的水平的回归参数为 0。

通过这个回归方程，根据各个水平的回归参数，计算出来的数值就是该条件的预测评价分数。比如说，调查问卷中没有的行驶距离短、有天窗、红色的二手车的评价分数为

评价分数 = 5.3875 + 0.2（行驶距离短）
−0.275（天窗）−1.775（红色）
= 3.54

另外，最高评价分数可以通过选择各因子的最大回归参数来求出。当车的特征为行驶距离短、带导航、银色时评价分数最高，可预测该评价分数为

5.3875 + 0.2 + 1.7 + 0.25 = 7.54

而且，我们可以通过比较回归参数的大小，来比较各水平对评价分数的影响大小。例如，比起特征中任一水平，带导航、红色等评价分数影响更大。

根据图 7.14 所示各因子回归参数的范围求出影响度，使用影响度就可以比较各因子的影响大小。特征、精品、车身颜色各自的影响度为各因子回归参数的最大值减去最小值之值，如图 7.15 所示。

因子	最大回归参数	最小回归参数	影响度
特征	0.2	-0.55	0.75
精品	1.7	-0.5	2.2
车身颜色	0.25	-1.775	2.025

图 7.15　影响度的计算

影响度用图来表示更容易理解，我们将图 7.15 的影响度做成柱状图（图 7.16）。

从图 7.16 中可以看出，对于二手车的评价，精品、车身颜色比特征更有效果。

按照第 2 章 2.3 节的方法，我们可以通过实施 3 次单因子方差分析，对图 7.11 中的数据求方差分析表。由于拉丁方阵只分析主效果，故可以使用该方法。

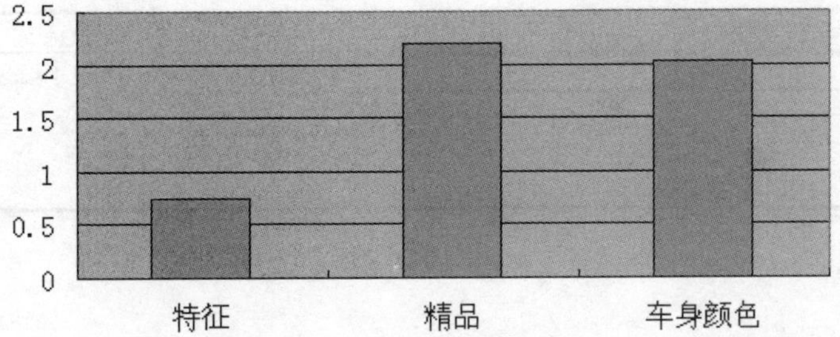

图 7.16 影响度的对比

首先，我们根据图 7.10 分别对特征、精品、车身颜色做一元表（图 7.17）。

特征	行驶距离短	车检剩余时间长	价格适中	喜欢的厂家品牌
数据	5.4	3.9	3.7	5.1
	7.2	6.6	7.2	5
	3.3	4.6	5.1	4.2
	5.3	3.1	4.7	6.1

精品	天窗	车载导航	车载电视	ETC
数据	5.4	7.2	3.3	5.3
	3.9	6.6	4.6	3.1
	3.7	7.2	5.1	4.7
	5.1	5	4.2	6.1

车身颜色	银	白	红	黑
数据	5.4	7.2	3.3	5.3
	6.6	3.9	3.1	4.6
	5.1	4.7	3.7	7.2
	6.1	4.2	5	5.1

图 7.17 一元表

我们从得到的方差分析表中挑出各因子的偏差平方和、自由度、方差及总计的偏差平方和、自由度（图 7.18），并填到新的方差分析表中，如图 7.19 所示。

按照图 2.26 中求方差分析表的顺序，算出空缺的数据，做成如图 7.20 的方差分析表（参照第 33 页）。

特征

方差分析

差异源	SS	df	MS	F	P-value	F crit
组间	1.316875	3	0.438958	0.232279	0.872144	3.490295
组内	22.6775	12	1.889792			
总计	23.99438	15				

精品

方差分析

差异源	SS	df	MS	F	P-value	F crit
组间	12.00688	3	4.002292	4.006465	0.034434	3.490295
组内	11.9875	12	0.998958			
总计	23.99438	15				

车身颜色

方差分析

差异源	SS	df	MS	F	P-value	F crit
组间	9.756875	3	3.252292	2.741176	0.089493	3.490295
组内	14.2375	12	1.186458			
总计	23.99438	15				

图 7.18　单因子方差分析

方差分析

差异源	SS	df	MS	F	P-value	F crit
特征	1.316875	3	0.438958	2.741176471	0.08949334	3.490294821
精品	12.00688	3	4.002292			
车身颜色	9.756875	3	3.252292			
误差						
总计	23.994375	15				

图 7.19　填写 3 因子方差分析表

方差分析

差异源	SS	df	MS	F	P-value	F crit
特征	1.316875	3	0.438958	2.741176	0.089493	3.490295
精品	12.00688	3	4.002292			
车身颜色	9.756875	3	3.252292			
误差	14.2375	12	1.186458			
总计	23.99438	15				

图 7.20　方差分析表

偏差平方和的顺序精品、车身颜色、特征与图 7.16 的影响度大小顺序一致。从方差分析表可以看出，它们的 P 值均在 15% 以下，所有因子都有效果。

像这样，4 水平的 3 因子设计，利用拉丁方阵做调查问卷只要 16 个项目就可以完成。即使因子增加到 4 个，使用希腊拉丁方阵，其调查问卷也只要 16 个项目即可。

7.4　练习题

这一次的二手车调查增加了被调查者喜不喜欢车的项目。其结果，在回答者 22 人当中回答“喜欢车”的有 11 人，“一般”的有 11 人，将调查结果按“回答喜欢车的人”和“一般感觉的人”重新排列，其结果如图 7.21 所示。

No.	特征	精品	车身颜色	喜欢	一般
1	行驶距离短	天窗	银	6.6	4.2
2	行驶距离短	车载导航	白	7.3	7.1
3	行驶距离短	车载电视	红	4.1	2.5
4	行驶距离短	ETC	黑	6.5	4.1
5	车检剩余时间长	天窗	白	3.8	3.9
6	车检剩余时间长	车载导航	银	6.5	6.7
7	车检剩余时间长	车载电视	黑	5.5	3.6
8	车检剩余时间长	ETC	红	3.9	2.4
9	价格适中	天窗	红	3.9	3.5
10	价格适中	车载导航	黑	7.6	6.7
11	价格适中	车载电视	银	5.9	4.3
12	价格适中	ETC	白	4.7	4.6
13	喜欢的厂家品牌	天窗	黑	6.5	3.7
14	喜欢的厂家品牌	车载导航	红	6.3	3.7
15	喜欢的厂家品牌	车载电视	白	5	3.4
16	喜欢的厂家品牌	ETC	银	6.4	5.8

图 7.21　按“喜欢”、“一般”分类

我们对该结果进行解析，观察回答“喜欢”和回答“一般”的人之间在结果上有什么不同。

参考答案

根据图 7.21，“喜欢”和“一般”之间的评价似乎有不同。如图 7.22，我们描绘折线图进行比较。

看来真有明显差异。为了调查是哪个因子及水平导致了不同的评价，我们利用回归分析对图 7.21 的数据实施解析。

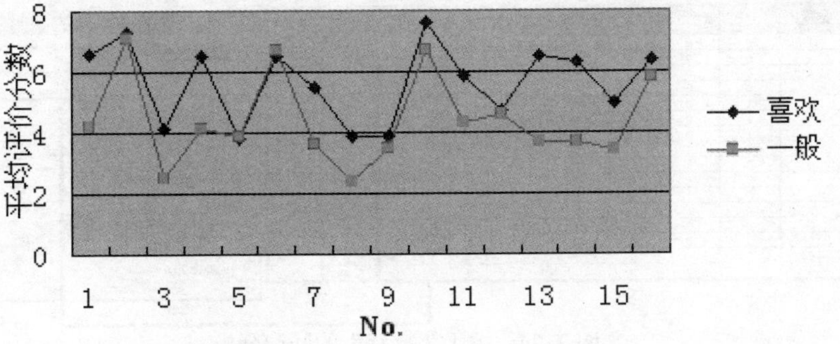

图 7.22 “喜欢”与“一般”的折线图

要进行回归分析，我们必须先使用虚拟变量 1，0 使图 7.21 的水平数字化，并删除数据冗长的列，由于部分设计列表与图 7.10 完全一致，所以我们可以照搬图 7.12 中 1，0 表的一部分。

将 7.12 中 1，0 表的部分与图 7.21 的结果组合，得到图 7.23。

使用 Excel 数据分析对这个表进行回归分析。首先在回归的对话框中（图 7.24）输入，对“喜欢”实施回归分析，得到回归分析结果如图 7.25。

No.	行驶距离短	车检剩余时间长	价格适中	天窗	车载导航	车载电视	银	白	红	喜欢	一般
1	1	0	0	1	0	0	1	0	0	6.6	4.2
2	1	0	0	0	1	0	0	1	0	7.3	7.1
3	1	0	0	0	0	1	0	0	1	4.1	2.5
4	1	0	0	0	0	0	0	0	0	6.5	4.1
5	0	1	0	1	0	0	0	1	0	3.8	3.9
6	0	1	0	0	1	0	1	0	0	6.5	6.7
7	0	1	0	0	0	1	0	0	0	5.5	3.6
8	0	1	0	0	0	0	0	0	1	3.9	2.4
9	0	0	1	1	0	0	0	0	1	3.9	3.5
10	0	0	1	0	1	0	0	0	0	7.6	6.7
11	0	0	1	0	0	1	1	0	0	5.9	4.3
12	0	0	1	0	0	0	0	1	0	4.7	4.6
13	0	0	0	1	0	0	0	0	0	6.5	3.7
14	0	0	0	0	1	0	0	0	1	6.3	3.7
15	0	0	0	0	0	1	0	1	0	5.0	3.4
16	0	0	0	0	0	0	1	0	0	6.4	5.8

图 7.23 回归分析的实行表

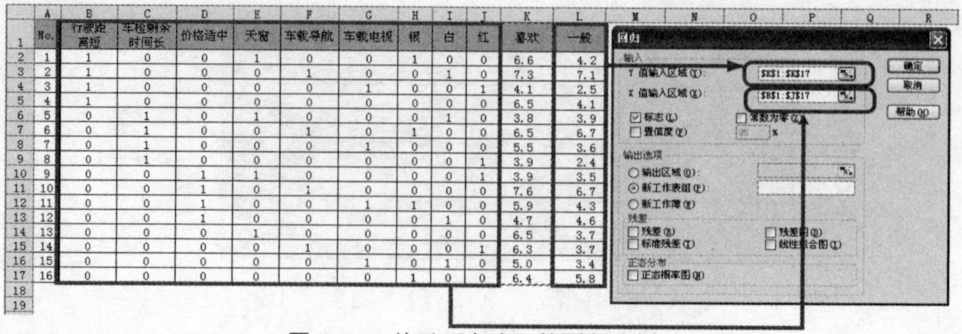

	No.	行驶距离短	车检剩余时间长	价格适中	天窗	车载导航	车载电视	银	白	红	喜欢	一般
2	1	1	0	0	1	0	0	1	0	0	6.6	4.2
3	2	1	0	0	0	1	0	0	1	0	7.3	7.1
4	3	1	0	0	0	0	1	0	0	1	4.1	2.5
5	4	1	0	0	0	0	0	0	0	0	6.5	4.1
6	5	0	1	0	1	0	0	0	1	0	3.8	3.9
7	6	0	1	0	0	1	0	1	0	0	6.5	6.7
8	7	0	1	0	0	0	1	0	0	0	5.5	3.6
9	8	0	1	0	0	0	0	0	0	1	3.9	2.4
10	9	0	0	1	1	0	0	0	0	1	3.9	3.5
11	10	0	0	1	0	1	0	0	0	0	7.6	6.7
12	11	0	0	1	0	0	1	1	0	0	5.9	4.3
13	12	0	0	1	0	0	0	0	1	0	4.7	4.6
14	13	0	0	0	1	0	0	0	0	0	6.5	3.7
15	14	0	0	0	0	1	0	0	0	1	6.3	3.7
16	15	0	0	0	0	0	1	0	1	0	5.0	3.4
17	16	0	0	0	0	0	0	1	0	0	6.4	5.8

图 7.24　关于“喜欢”的回归分析

SUMMARY OUTPUT

回归统计	
Multiple R	0.982219283
R Square	0.964754719
Adjusted R Square	0.911886797
标准误差	0.375
观测值	16

方差分析

	df	SS	MS	F	Significance F
回归分析	9	23.095625	2.566180556	18.24839506	0.001069087
残差	6	0.84375	0.140625		
总计	15	23.939375			

	Coefficients	标准误差	t Stat	P-value	Lower 95%	Upper 95%	下限 95.0%	上限 95.0%
Intercept	6.6375	0.296463531	22.38892583	5.19442E-07	5.912079875	7.362920125	5.912079875	7.362920125
行驶距离短	0.075	0.265165043	0.282842712	0.786801945	-0.573835485	0.723835485	-0.573835485	0.723835485
车检的剩余时间长	-1.125	0.265165043	-4.242640687	0.00542395	-1.773835485	-0.476164515	-1.773835485	-0.476164515
适中的价格	-0.525	0.265165043	-1.979898987	0.095037233	-1.173835485	0.123835485	-1.173835485	0.123835485
天窗	-0.175	0.265165043	-0.659966329	0.533775149	-0.823835485	0.473835485	-0.823835485	0.473835485
车载导航	1.55	0.265165043	5.845416058	0.001105614	0.901164515	2.198835485	0.901164515	2.198835485
车载电视	-0.25	0.265165043	-0.942809042	0.382174582	-0.898835485	0.398835485	-0.898835485	0.398835485
银	-0.175	0.265165043	-0.659966329	0.533775149	-0.823835485	0.473835485	-0.823835485	0.473835485
白	-1.325	0.265165043	-4.99688792	0.002459954	-1.973835485	-0.676164515	-1.973835485	-0.676164515
红	-1.975	0.265165043	-7.448191428	0.000301835	-2.623835485	-1.326164515	-2.623835485	-1.326164515

图 7.25　“喜欢”的回归分析结果

对于“一般”结果，同样地如图 7.26，我们在回归分析对话框中输入并实施回归分析，得到回归分析结果如图 7.27。

	No.	行驶距离短	车检剩余时间长	价格适中	天窗	车载导航	车载电视	银	白	红	喜欢	一般
2	1	1	0	0	1	0	0	1	0	0	6.6	4.2
3	2	1	0	0	0	1	0	0	1	0	7.3	7.1
4	3	1	0	0	0	0	1	0	0	1	4.1	2.5
5	4	1	0	0	0	0	0	0	0	0	6.5	4.1
6	5	0	1	0	1	0	0	0	1	0	3.8	3.9
7	6	0	1	0	0	1	0	1	0	0	6.5	6.7
8	7	0	1	0	0	0	1	0	0	0	5.5	3.6
9	8	0	1	0	0	0	0	0	0	1	3.9	2.4
10	9	0	0	1	1	0	0	0	0	1	3.9	3.5
11	10	0	0	1	0	1	0	0	0	0	7.6	6.7
12	11	0	0	1	0	0	1	1	0	0	5.9	4.3
13	12	0	0	1	0	0	0	0	1	0	4.7	4.6
14	13	0	0	0	1	0	0	0	0	0	6.5	3.7
15	14	0	0	0	0	1	0	0	0	1	6.3	3.7
16	15	0	0	0	0	0	1	0	1	0	5.0	3.4
17	16	0	0	0	0	0	0	1	0	0	6.4	5.8

图 7.26　“一般”的回归分析

SUMMARY OUTPUT

回归统计	
Multiple R	0.946318557
R Square	0.895518811
Adjusted R Square	0.738797029
标准误差	0.738241153
观测值	16

方差分析

	df	SS	MS	F	Significance F
回归分析	9	28.0275	3.114166667	5.714067278	0.023032347
残差	6	3.27	0.545		
总计	15	31.2975			

	Coefficients	标准误差	t Stat	P-value	Lower 95%	Upper 95%	下限 95.0%	上限 95.0%
Intercept	4.125	0.583630876	7.067823458	0.000401879	2.696906694	5.553093306	2.696906694	5.553093306
行驶距离短	0.325	0.522015325	0.622587085	0.556462183	-0.952325484	1.602325484	-0.952325484	1.602325484
车检的剩余时间长	0	0.522015325	0	1	-1.277325484	1.277325484	-1.277325484	1.277325484
适中的价格	0.625	0.522015325	1.197282857	0.276348297	-0.652325484	1.902325484	-0.652325484	1.902325484
天窗	-0.4	0.522015325	-0.766261028	0.472580865	-1.677325484	0.877325484	-1.677325484	0.877325484
车载导航	1.825	0.522015325	3.496065941	0.012887859	0.547674516	3.102325484	0.547674516	3.102325484
车载电视	-0.775	0.522015325	-1.484630742	0.188178064	-2.052325484	0.502325484	-2.052325484	0.502325484
银	0.725	0.522015325	1.388848114	0.214237272	-0.552325484	2.002325484	-0.552325484	2.002325484
白	0.225	0.522015325	0.431021828	0.681507313	-1.052325484	1.502325484	-1.052325484	1.502325484
红	-1.5	0.522015325	-2.873478856	0.028298006	-2.777325484	-0.222674516	-2.777325484	-0.222674516

图 7.27 “一般”回归分析的结果

从图 7.25 中我们可以求出“喜欢”的回归公式。

$$\text{“喜欢”的评价分数} = 6.6375 + \overset{\text{特征}}{\left\{\begin{array}{l} \underline{0.075\text{（行驶距离短）}} \\ -1.125\text{（车检剩余时间长）} \\ -0.175\text{（价格适中）} \\ 0.000\text{（喜欢的厂家品牌）} \end{array}\right.} + \overset{\text{精品}}{\left\{\begin{array}{l} -0.175\text{（天窗）} \\ \underline{1.550\text{（车载导航）}} \\ 0.250\text{（车载电视）} \\ 0.000\text{（ETC）} \end{array}\right.} + \overset{\text{车身颜色}}{\left\{\begin{array}{l} -0.175\text{（银）} \\ -1.325\text{（白）} \\ -1.975\text{（红）} \\ \underline{0.000\text{（黑）}} \end{array}\right.}$$

$$\text{“一般”的评价分数} = 4.125 + \overset{\text{特征}}{\left\{\begin{array}{l} 0.325\text{（行驶距离短）} \\ 0.000\text{（车检剩余时间长）} \\ \underline{0.625\text{（价格适中）}} \\ 0.000\text{（喜欢的厂家品牌）} \end{array}\right.} + \overset{\text{精品}}{\left\{\begin{array}{l} -0.400\text{（天窗）} \\ \underline{1.825\text{（车载导航）}} \\ -0.775\text{（车载电视）} \\ 0.000\text{（ETC）} \end{array}\right.} + \overset{\text{车身颜色}}{\left\{\begin{array}{l} \underline{0.725\text{（银）}} \\ -0.225\text{（白）} \\ -1.500\text{（红）} \\ 0.000\text{（黑）} \end{array}\right.}$$

比较上面两个公式，我们可以发现喜欢和一般中是什么水平导致评价不同。在特征中，“喜欢”的人对喜欢的厂家品牌等项目的评价相对较高，而“一般”的人对行驶距离短及价格适中等项目的评价较高。对于车身颜色两者对白色的评价大相径庭，“喜欢”的人对其评价低，而“一般”的对其评价高。“喜欢”的最高评价分数是8.3，而“一般”的最高分数为7.3，相差达1分。

从影响度可以判断哪个因子更重要。根据图7.25及图7.27中各因子的回归参数范围求出各自因子的影响度，如图7.28所示。

喜欢

因子	影响度
特征	1.2
精品	1.8
车身颜色	1.975

一般

因子	影响度
特征	0.625
精品	2.6
车身颜色	2.225

图7.28　影响度

描绘柱状图进行比较(图7.29)。

在“喜欢”和“一般”中，精品及车身颜色的影响度都高，但不同的是，“喜欢”中特征的影响度高于“一般”中特征的影响度。

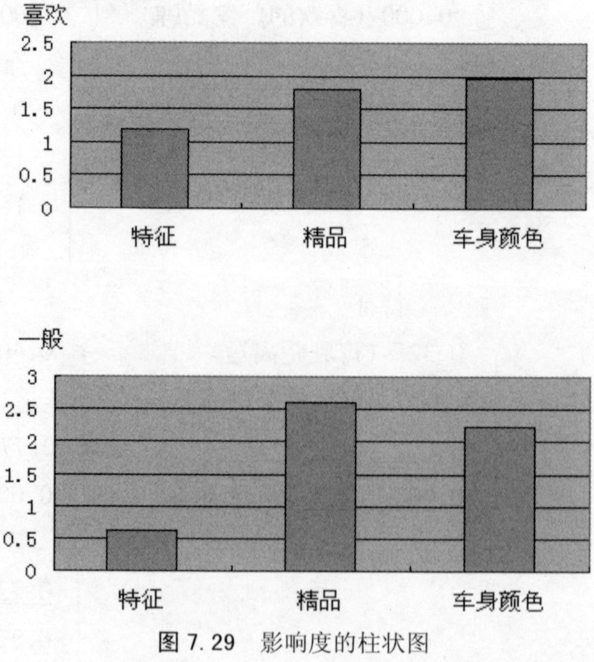

图7.29　影响度的柱状图

总　结

- 使用拉丁方阵及希腊方阵，以调查项目数较少的问卷，可以实现 3 个乃至 4 个因子的因子设计。但是，这不适用于有交互作用的因子解析。
- 对于使用拉丁方阵的因子设计的解析，可以使用回归分析或者多次实施单因子方差分析来实现。回归分析具有操作连贯、易懂，并且能够通过回归方程进行预测的优点。

参考文献

1. 渕上美喜、上田太一郎、古谷都紀子『実践ワークショップ　Excel 徹底活用ビジネスデータ分析』、秀和システム

第 8 章 试验设计法

在拉丁方阵及希腊拉丁方阵原理的基础上进一步延伸，即使因子数量增加，也能够通过特殊的表来减少试验次数（调查项目数）。这种特殊的表就是"正交表"。

如果因子设计对所有组合都进行试验，2 个水平的 7 个因子共要实施 128 次试验，而使用 L_8 正交表就只要 8 次即可。

拉丁方阵和希腊拉丁方阵不能解析交互作用，但由于正交表的自身性质，使用正交表能够实现含有交互作用的因子设计。

本章将对使用正交表的因子设计方法"试验设计法"进行解说。

8.1　正交表

正交表有什么样的性质呢？

例如，L_8 的正交表就是表 8.1 所示的表。

表 8.1　L_8 正交表

No.	列1	列2	列3	列4	列5	列6	列7
1	1	1	1	1	1	1	1
2	1	1	1	2	2	2	2
3	1	2	2	1	1	2	2
4	1	2	2	2	2	1	1
5	2	1	2	1	2	1	2
6	2	1	2	2	1	2	1
7	2	2	1	1	2	2	1
8	2	2	1	2	1	1	2

使用该表进行因子设计时，向列 1 ～ 7 中分配因子，表中的 1，2 分别对应各因子的水平，这样就设置好了 No.1 ～ No.8 的试验条件（试验项目）。也就是说，可以直接把该表当做设计列表。理论上使用 L_8 正交表可以实施 2 水平的 7 因子设计（为进行统计判断，7 列当中至少得有 1 列作为误差的列，所以实质上解析对象只有 6 个因子）。

正交表有以下性质。正是由于这些性质，正交表可以运用到因子设计当中。

正交表性质 1　所有列的数字组合都很均匀。

在正交表中，无论哪两列，其数字组合出现的次数都是相同的。L_8 正交表中所有组合都出现 2 次。比如，表 8.1 中抽出列 1 和列 2，该值的组合当中（1，1）出现 2 次，（2，1）出现 2 次，（2，2）也出现 2 次。其他的任意两列中数字的组合均出现 2 次，数字组合很均衡。向列中分配因子，列的值看作水平，因子和水平的组合搭配得非常均匀。由此，把正交表叫做平衡表也许更好理解。

正交表性质 2　列之间完全没有相关。

为判断数据之间有没有相关性，在第 4 章中我们使用了回归分析。相关系数是表现相关强弱的指标。相关系数取值范围为 −1 ～ 1，完全不相关为 0，强相关则接近 −1 或者 1。

L_8 正交表的列与列之间的相关，可以通过 Excel 数据分析求出。

（1）Excel“数据分析”中选择“相关系数”并单击“确定”按钮（图 8.1）。

(2) 在出现的对话框中如图 8.2 输入，单击“确定”按钮。

(3) 得到图 8.3 所示的相关系数一览表。

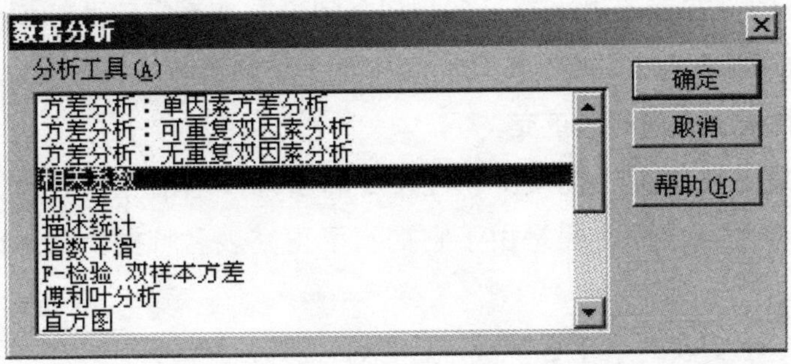

图 8.1 分析工具中选择“相关系数”

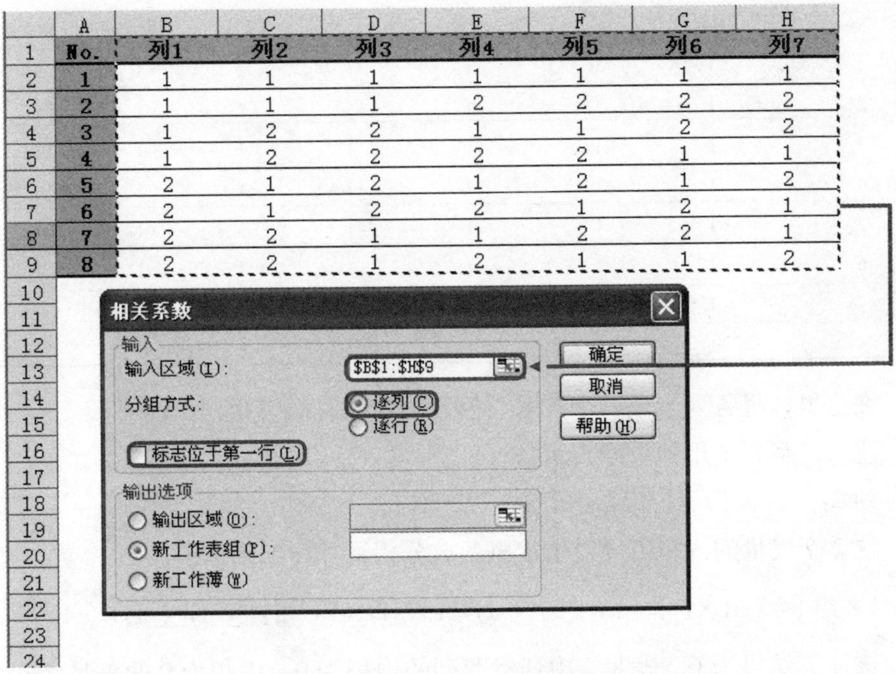

图 8.2 相关系数对话框的输入

	列1	列2	列3	列4	列5	列6	列7
列1	1						
列2	0	1					
列3	0	0	1				
列4	0	0	0	1			
列5	0	0	0	0	1		
列6	0	0	0	0	0	1	
列7	0	0	0	0	0	0	1

图 8.3 相关系数的一览表（相关系数列表）

图 8.3 是 L_8 正交表各列之间的相关系数。同列之间的相关系数当然是 1，不同列之间的相关系数均为 0，没有相关性（图右上半部分与左下部分对称，故在 Excel 中没有表示出来）。列与列之间没有关系，因此分配到列中的因子对其他列的因子没有影响，各列的解析不会受到影响。

正交表性质 3　列与列正交。

该性质是上述正交表性质 1 和性质 2 的基础，本不应该当做为正交表的性质而把它单独列出来，但是由于它揭示了正交表名称的由来，因此我在这里说一下。

将表 8.1 正交表的水平 2 换成 −1（表 8.2）。

表 8.2　用 −1,1 来表示正交表

No.	列 1	列 2	列 3	列 4	列 5	列 6	列 7
1	1	1	1	1	1	1	1
2	1	1	1	−1	−1	−1	−1
3	1	−1	−1	1	1	−1	−1
4	1	−1	−1	−1	−1	1	1
5	−1	1	−1	1	−1	1	−1
6	−1	1	−1	−1	1	−1	1
7	−1	−1	1	1	−1	−1	1
8	−1	−1	1	−1	1	1	−1

在这里，将各列当做一个矢量，任意两列的内积为 0。

比如，将列 1 用矢量来表示：（1，1，1，1，−1，−1，−1，−1）

列 2：（1，1，−1，−1，1，1，−1，−1）。

这 2 个矢量的内积可通过依次将各成分相乘并相加来求出。

$$1\times1+1\times1+1\times(-1)+1\times(-1)+(-1)\times1+(-1)\times1+(-1)\times(-1)+(-1)\times(-1)$$

该计算结果为 0。表 8.2 中任意两列的内积为 0。内积为 0 的矢量之间，数学上称其为正交。

由于所有的列都正交，故这样的表叫做正交表。

正交表性质 4　列之间的数值乘积与某列的数值相同。

将表 8.2 中列 1 和列 2 的数字相乘。第 1 行和第 2 行均为 1，故其积为 1。从第 3 行到第 6 行为 1 和 −1，故其积为 −1。第 7 行和第 8 行均为 −1，故其积为 1。将这些积如表 8.3 从上往下排列，并与第 3 列比较。

表 8.3 列 1 和列 2 的数字乘积

	列1	列2	列3	列4	列5	列6	列7
列1	1						
列2	0	1					
列3	0	0	1				
列4	0	0	0	1			
列5	0	0	0	0	1		
列6	0	0	0	0	0	1	
列7	0	0	0	0	0	0	1

列 1 和列 2 的乘积完全与列 3 相等。实际上，正交表的所有列之间都有这样的关系，某两列的乘积其实就是某一列的数值。为了表达这种对应关系，如表 8.4 所示，使用字母在正交表的下面“标识成分”。

表 8.4 正交表的成分标识（最下面）

No.	列1（场所）	列2（礼物）	结果
1	飞镖吧	戒指	7.5
2	飞镖吧	戒指	7.0
3	飞镖吧	项链	6.5
4	飞镖吧	项链	7.0
5	夜景迷人的酒吧	戒指	8.5
6	夜景迷人的酒吧	戒指	8.0
7	夜景迷人的酒吧	项链	9.0
8	夜景迷人的酒吧	项链	8.0

表 8.3 表示的列 1 和列 2 的乘积表现在第 3 列，列 3 就是列 1 的 a 和列 2 的 b 的乘积 ab。同样 1 列 1 的 a 和列 4 的 c 的乘积 ac 表现在第 5 列，列 1 的 a 和列 6 的 bc 的乘积 abc 表现在列 7。另外，成分标识中将相同文字的平方看做 1，比如列 1 的 a 和列 5 的 ac 的乘积 a^2c 中，$a^2 = 1$ 其积就表现在第 4 列当中（这些乘积到底是不是这样请实际对照表 8.4）。像这样，正交表各列都是列与列之间的乘积。

实际上，利用正交表的这种性质可以将交互作用当做因子来处理。也就是说，正交表中分配因子的列表示其因子的主效果，而作为积的列则表示交互作用。

例如，列 1 中放置因子 A，列 2 中放置因子 B，列 3 放置其交互作用 $A \times B$。这样看来，正交表与拉丁方阵不同，它能够处理交互作用。

正交表性质 5　交互作用的有无影响着正交表的使用方法。

这与其说是正交表的性质，还不如说是用正交表实施因子设计时需要非常注意的地方。

在第 6 章中，我们说到，有交互作用时，需要重复获取数据来确保解析交互作用所需的数据。但是，由于正交表极力削减试验次数，所以通过增加数据量来解析交互作用的方法不可取。因此我们事先判断有无交互作用，然后根据交互作用的有无来改变因子设计的顺序。

具体说来，就是给正交表的哪列分配哪个因子的操作会有所不同。其实若断定没交互作用，就无所谓往正交表的哪一列分配哪个因子。L_8 正交表中可以任意分配最多 6 个因子（主效果）。例如，因子 A~F 这 6 个因子可以像表 8.5 一样任意分配。

表 8.5　往 L_8 正交表分配主效果

①

No.	列 1	列 2	列 3	列 4	列 5	列 6	列 7
因子	A	B	C	D	E	F	

②

No.	列 1	列 2	列 3	列 4	列 5	列 6	列 7
因子	B	F	C	E		D	A

注：①也可以像②一样任意分配因子。任何一个空白列可当做误差的列来解析。

但是，有交互作用时，如果在交互作用所呈现的列中放置主效果，那将无法判断该列的解析结果是由交互作用引起的还是由别的因子的主效果引起的。这种状态称为交互作用和主效果的交叉。

为了避免交叉，我们在能考虑到的交互作用的列中，不要分配别的因子。例如，因子 A~C_3 个因子，考虑其交互作用为 $A\times B, A\times C, B\times C$，如表 8.6 所示分配。

表 8.6　有交互作用时的 L_8 正交表的分配

No.	列 1	列 2	列 3	列 4	列 5	列 6	列 7
成分	a	b	ab	c	ac	bc	abc
因子	A	B	$A\times B$	C	$A\times C$	$B\times C$	

No.	列 1	列 2	列 3	列 4	列 5	列 6	列 7
成分	a	b	ab	c	ac	bc	abc
因子	A	$A\times B$	B	$A\times C$	C	$B\times C$	

注：$A(a)\times B(ab)=A\times B(b)$，$A(a)\times C(ac)=A\times C(c)$，$B(ab)\times C(ac)=B\times(bc)$。

像这样在出现交互作用的列中避免放置因子，就可以避免交互作用和其他因子的主效果交叉。但其结果是，能分配的因子数最多为3个。在正交表中，为了分析交互作用，我们削减作为对象的因子数来确保必要的数据，而不是增加数据本身。

若要对更多的因子进行解析，则可以扩大正交表来满足试验设计。当以没有交互作用的7个因子为对象时，可以使用 L_{16} 正交表而非 L_8 正交表。L_{16} 正交表最多能解析15个因子。

当认为有交互作用时，我们可参考正交表的成分标识，与 L_8 正交表一样，注意不要在出现交互作用的列中分配因子（表8.7）。

表8.7 L_{16} 正交表

No.	列1	列2	列3	列4	列5	列6	列7	列8	列9	列10	列11	列12	列13	列14	列15
1	1	1	1	1	1	1	1	1	1	1	1	1	1	1	1
2	1	1	1	1	1	1	1	2	2	2	2	2	2	2	2
3	1	1	1	2	2	2	2	1	1	1	1	2	2	2	2
4	1	1	1	2	2	2	2	2	2	2	2	1	1	1	1
5	1	2	2	1	1	2	2	1	1	2	2	1	1	2	2
6	1	2	2	1	1	2	2	2	2	1	1	2	2	1	1
7	1	2	2	2	2	1	1	1	1	2	2	2	2	1	1
8	1	2	2	2	2	1	1	2	2	1	1	1	1	2	2
9	2	1	2	1	2	1	2	1	2	1	2	1	2	1	2
10	2	1	2	1	2	1	2	2	1	2	1	2	1	2	1
11	2	1	2	2	1	2	1	1	2	1	2	2	1	2	1
12	2	1	2	2	1	2	1	2	1	2	1	1	2	1	2
13	2	2	1	1	2	2	1	1	2	2	1	1	2	2	1
14	2	2	1	1	2	2	1	2	1	1	2	2	1	1	2
15	2	2	1	2	1	1	2	1	2	2	1	2	1	1	2
16	2	2	1	2	1	1	2	2	1	1	2	1	2	2	1
成分	*a*	*b*	*ab*	*c*	*ac*	*bc*	*abc*	*d*	*ad*	*bd*	*abd*	*cd*	*acd*	*acd*	*abcd*

8.2　解析论证交互作用——列 1 和列 2 的交互作用体现在列 3

在表 8.3 中，L_8 正交表的列 1 和列 2 的交互作用体现在列 3，即列 1 和列 2 成分的乘积与列 3 相同，下面我们利用实际数据对这种关系进行确认。

利用 L_8 正交表对“约会的魅力”做问卷调查，从该结果中抽出已分配到列 1 和列 2 的因子，如图 8.4 所示。

调查问卷是关于约会满意度的调查，满分 10 分。所抽出来的因子：列 1 是“吃完饭后去的地方”，列 2 是“礼物”。

将结果按相同水平组合，做成二元表，如图 8.5 所示。

No.	列1（场所）	列2（礼物）	结果
1	飞镖吧	戒指	7.5
2	飞镖吧	戒指	7.0
3	飞镖吧	项链	6.5
4	飞镖吧	项链	7.0
5	夜景迷人的酒吧	戒指	8.5
6	夜景迷人的酒吧	戒指	8.0
7	夜景迷人的酒吧	项链	9.0
8	夜景迷人的酒吧	项链	8.0

图 8.4　关于约会的调查问卷结果

	礼物	
场所	戒指	项链
飞镖吧	7.5	6.5
	7.0	7.0
夜景迷人的酒吧	8.5	9.0
	8.0	8.0

	礼物	
场所	戒指	项链
飞镖吧	7.25	6.75
夜景迷人的酒吧	7.75	8.00

图 8.5　二元表

根据该二元表，描绘因子效果图，如图 8.6 所示，图中两条直线没有平行，可以知道两个因子之间有交互作用。

对图 8.5 的二元表运行 Excel 数据分析 “方差分析：可重复双因素分析”，如图 8.7 所示，可以求出含有交互作用的方差分析表。

交互作用的方差为 0.28125。

接下来，在图 8.4 的 L_8 正交表中添加列 3，如图 8.8 所示。

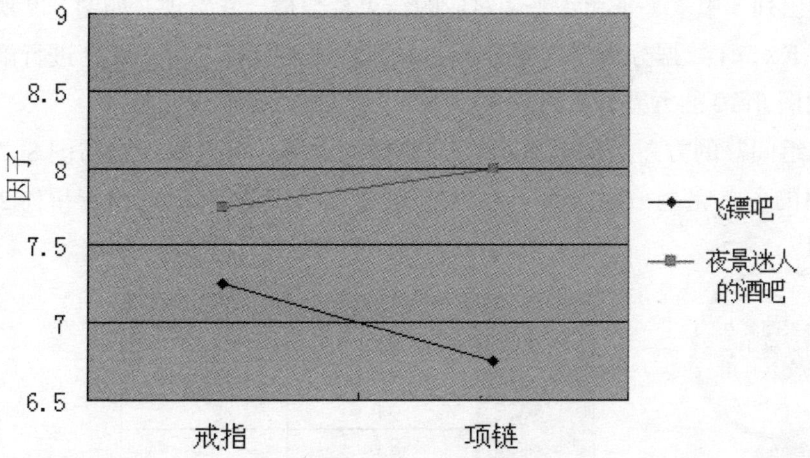

图 8.6 因子效果图

方差分析

差异源	SS	df	MS	F	P-value	F crit
样本	3.78125	1	3.78125	17.28571	0.014173	7.708647
列	0.03125	1	0.03125	0.142857	0.724659	7.708647
交互	0.28125	1	0.28125	1.285714	0.320188	7.708647
内部	0.875	4	0.21875			
总计	4.96875	7				

图 8.7 方差分析表

No.	列1（场所）	列2（礼物）	列3	结果
1	飞镖吧	戒指	1	7.5
2	飞镖吧	戒指	1	7.0
3	飞镖吧	项链	2	6.5
4	飞镖吧	项链	2	7.0
5	夜景迷人的酒吧	戒指	2	8.5
6	夜景迷人的酒吧	戒指	2	8.0
7	夜景迷人的酒吧	项链	1	9.0
8	夜景迷人的酒吧	项链	1	8.0
成分	***a***	***b***	***ab***	

图 8.8 添加了列 3 的约会调查结果

在这里列 3 并没有配置什么因子，我们就当已经分配某个因子给了列 3，并进行解析。假设该因子为因子 *C*，用单因子设计对水平 1 和水平 2 引起的数据差异进行解析。若该结果和图 8.7 所求得的交互作用结果一致的话，那可以断定交互作用就表现在列 3。

抽出列 3 中水平 1 和水平 2 对应的结果栏数据，并整理，如图 8.9 所示。

用 Excel 数据分析“方差分析：单因素方差分析”对图 8.9 进行解析，可得到图 8.10 的方差分析表。

“组间”的方差数值就是假设因子 *C* 的方差，可以发现它与图 8.7 中交互作用的方差完全一致。因子 *C* 也就是列 3，毫无疑问就是列 1 和列 2 的交互作用。

列3的水平	1	2
结果	7.5	6.5
	7.0	7.0
	9.0	8.5
	8.0	8.0

图 8.9　列 3 水平对应的结果

方差分析

差异源	SS	df	MS	F	P-value	F crit
组间	0.28125	1	0.28125	0.36	0.570456	5.987374
组内	4.6875	6	0.78125			
总计	4.96875	7				

图 8.10　方差分析表

8.3 使用试验设计法的因子设计实例

假设附近要开家居中心，它有什么样的设施你才会去呢？对此我们用试验设计法设计了一份调查问卷。

将形态相近的设施作为水平，各设施的组合作为因子，如图 8.11 设定因子和水平。

由于 2 水平的因子有 4 个，可以使用 L_8 正交表来分配因子。虽然我们很难想象这些因子之间有交互作用，万一有交互作用时，为了尽可能避免与因子的交叉，如图 8.12 所示，向 L_8 正交表中分配因子。

这样分配的话，即使 $A\times B, A\times C, A\times D, B\times C, B\times D, C\times D$ 任何一个发生交互作用，也不会和分配因子的列产生交叉。

在表 8.1 所示的 L_8 正交表中按列 1，2，4，7 的顺序分配因子 A, B, C, D 的第 1 水平和第 2 水平，做成图 8.13 的设计列表。

记号	因子	第1水平	第2水平
A	附设的销售店	药店	书店
B	附设的设施	洗车	美容美发
C	附设的金融机构	银行	邮局
D	附设的餐饮店	咖啡店	家族餐厅

图 8.11　家具中心设施等的因子和水平

No.	列1	列2	列3	列4	列5	列6	列7
成分	a	b	ab	c	ac	bc	abc
因子	A	B		C			D

图 8.12　向 L_8 正交表中分配因子

No.	A	B	C	D
1	药店	洗车	银行	咖啡店
2	药店	洗车	银行	家族餐厅
3	药店	美容美发	邮局	咖啡店
4	药店	美容美发	邮局	家族餐厅
5	书店	洗车	邮局	咖啡店
6	书店	洗车	邮局	家族餐厅
7	书店	美容美发	银行	咖啡店
8	书店	美容美发	银行	家族餐厅

图 8.13　设计列表

以这个设计列表为问卷调查项目，做成如图 8.14 所示的调查问卷，并收集问卷的调查结果。

对回收的调查问卷结果取平均值，得到图 8.15 所示的结果。

假设在附近开家居中心，您觉得必须的或者想要的服务或者店铺是什么？
同意请填10，不同意则填0，不知道则填5。

请填写10, 5, 0
中的1个数字

No.	附设销售店	附设设施	附设金融机构	附设餐饮店	评价
1	药店	洗车	银行	咖啡店	
2	药店	洗车	邮局	家族餐厅	
3	药店	美容美发	银行	家族餐厅	
4	药店	美容美发	邮局	咖啡店	
5	书店	洗车	银行	家族餐厅	
6	书店	洗车	邮局	咖啡店	
7	书店	美容美发	银行	咖啡店	
8	书店	美容美发	邮局	家族餐厅	

年龄段	在相应处填○
20～29岁	
30～39岁	
40～49岁	
50～59岁	
60～以上	
性别	
男性	
女性	

您喜欢去家居中心吗？	请在相应处填○
是的	
不是	

图 8.14 调查问卷

No.	附设销售店	附设设施	附设金融机构	附设餐饮店	评价
1	药店	洗车	银行	咖啡店	4.4
2	药店	洗车	邮局	家族餐厅	5.7
3	药店	美容美发	银行	家族餐厅	5.1
4	药店	美容美发	邮局	咖啡店	4.6
5	书店	洗车	银行	家族餐厅	6.7
6	书店	洗车	邮局	咖啡店	5.8
7	书店	美容美发	银行	咖啡店	5.4
8	书店	美容美发	邮局	家族餐厅	7.1

图 8.15 调查问卷结果

不使用正交表，在通常情况下的因子设计中，要对 2 个水平的 4 个因子进行解析，其需要实施 64 项问卷调查，但是像这样使用正交表时，只需要 8 个调查项目。

下面对该结果进行解析。试验设计法的解析与拉丁方阵的解析相同，要么做成方差分析表，要么运用回归分析方法。在这里首先运用回归分析进行解析。

要用回归分析，首先把图 8.15 的设计列表其中的一部分转变为虚拟变量 1，0（图 8.16）。

接下来，把每个因子的其中一列作为冗长数据列删除。在这里我们删除书店、美容美发、邮局、家族餐厅这 4 列，得到图 8.17。

用 Excel 分析工具对该表实施回归分析，如图 8.18 所示。

No.	药店	书店	洗车	美容美发	银行	邮局	咖啡店	家族餐厅	结果
1	1	0	1	0	1	0	1	0	4.4
2	1	0	1	0	0	1	0	1	5.7
3	1	0	0	1	1	0	0	1	5.1
4	1	0	0	1	0	1	1	0	4.6
5	0	1	1	0	1	0	0	0	6.7
6	0	1	1	0	0	1	1	1	5.8
7	0	1	0	1	1	0	1	0	5.4
8	0	1	0	1	0	1	0	1	7.1

图 8.16　把虚拟变量转换成数字之后的表

No.	药店	洗车	银行	咖啡店	结果
1	1	1	1	1	4.4
2	1	1	0	0	5.7
3	1	0	1	0	5.1
4	1	0	0	1	4.6
5	0	1	1	0	6.7
6	0	1	0	1	5.8
7	0	0	1	1	5.4
8	0	0	0	0	7.1

图 8.17　删除冗长列之后的表

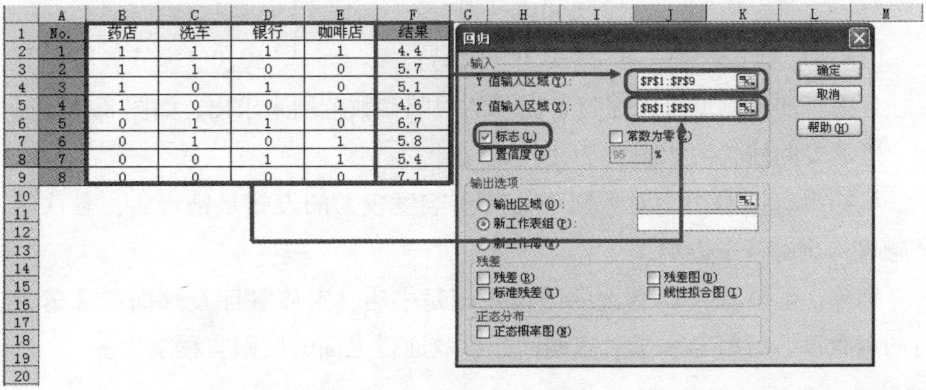

图 8.18　运行回归分析

回归结果如图 8.19 所示。

SUMMARY OUTPUT

回归统计	
Multiple R	0.991954817
R Square	0.983974359
Adjusted R Square	0.962606838
标准误差	0.182574186
观测值	8

方差分析

	df	SS	MS	F	Significance F
回归分析	4	6.14	1.535	46.05	0.005023044
残差	3	0.1	0.033333333		
总计	7	6.24			

	Coefficients	标准误差	t Stat	P-value	Lower 95%	Upper 95%	下限 95.0%	上限 95.0%
Intercept	6.95	0.144337567	48.15101245	1.97233E-05	6.490653442	7.409346558	6.490653442	7.409346558
药店	-1.3	0.129099445	-10.0697567	0.00208548	-1.710852051	-0.889147949	-1.710852051	-0.889147949
洗车	0.1	0.129099445	0.774596669	0.495025346	-0.310852051	0.510852051	-0.310852051	0.510852051
银行	-0.4	0.129099445	-3.098386677	0.053362723	-0.810852051	0.010852051	-0.810852051	0.010852051
咖啡店	-1.1	0.129099445	-8.520563362	0.003395777	-1.510852051	-0.689147949	-1.510852051	-0.689147949

图 8.19　回归分析结果

从该结果可以求出满意度的回归方程，如下所示。

$$\text{满意度} = 6.95 + \overset{\text{销售店}}{\begin{cases} -1.3\ （\text{药店}） \\ \underline{0.0\ （\text{书店}）} \end{cases}} + \overset{\text{设施}}{\begin{cases} \underline{0.1\ （\text{洗车}）} \\ 0.0\ （\text{美容美发}） \end{cases}}$$

$$+ \overset{\text{金融机构}}{\begin{cases} -0.4\ （\text{银行}） \\ \underline{0.0\ （\text{邮局}）} \end{cases}} + \overset{\text{餐饮店}}{\begin{cases} -1.1\ （\text{咖啡店}） \\ \underline{0.0\ （\text{家族餐厅}）} \end{cases}}$$

各因子的影响度可以通过各因子的回归参数范围来求出，如图 8.20 所示。

影响度的柱状图如图 8.21 所示。

从结果可以看出，对家居中心有影响度较大的设施是销售店、餐饮店，金融机构也有若干影响。

另外，能够提高满意度的附设设施是书店、家族餐厅及邮局和洗车。这时的满意度，可将各水平对应的回归参数通过上面的回归方程求出。

$$\text{满意度} = 6.95 + 0 + 0 + 0.1 + 0 = 7.05$$

因子	影响度
销售店	1.3
设施	0.1
金融机构	0.4
餐饮店	1.1

图 8.20　各因子的影响度

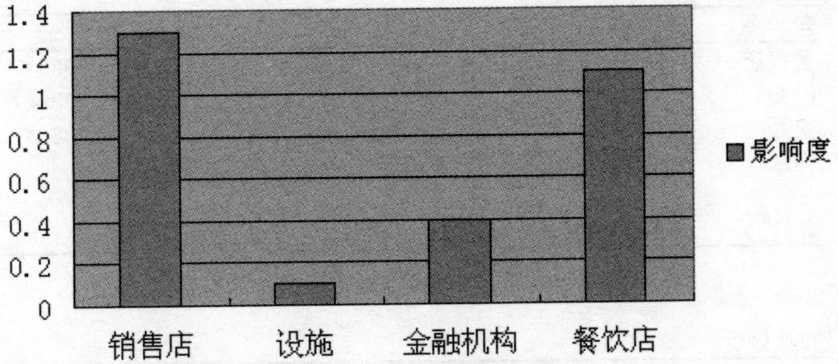

图 8.21 影响度的柱状图

我们对图 8.15 的结果用方差分析表进行解析。

首先，从图 8.15 的结果当中，按每两个因子做成二元表。在这里，将销售店和设施当做一个二元表(图 8.22)，金融机构和餐饮店当做一个二元表(图 8.23)。

对这些表用 Excel 数据分析“方差分析：可重复双因素分析”求方差分析表（图 8.24、图 8.25）。

	设施	
销售店	洗车	美容美发
药店	4.4	5.1
	5.7	4.6
书店	6.7	5.4
	5.8	7.1

图 8.22 一元表 (1)

	餐饮店	
金融机构	咖啡店	家族餐厅
银行	4.4	5.1
	5.4	6.7
邮局	4.6	5.7
	5.8	7.1

图 8.23 二元表 (2)

方差分析						
差异源	SS	df	MS	F	P－value	F crit
销售店	3.38	1	3.38	4.794326	0.093734	7.708647
设施	0.02	1	0.02	0.028369	0.874418	7.708647
交互	0.02	1	0.02	0.028369	0.874418	7.708647
内部	2.82	4	0.705			
总计	6.24	7				

图 8.24　二元表 (1) 销售店及设施的方差分析表

方差分析						
差异源	SS	df	MS	F	P－value	F crit
金融机构	0.32	1	0.32	0.367816	0.576933	7.708647
餐饮店	2.42	1	2.42	2.781609	0.170678	7.708647
交互	0.02	1	0.02	0.022989	0.886827	7.708647
内部	3.48	4	0.87			
总计	6.24	7				

图 8.25　二元表（2）金融机构及餐饮店的方差分析表

根据图 8.24 和图 8.25 的结果求整体的方差分析表，如图 8.26 所示。

P 值越小，对满意度的影响越大，因此销售店、餐饮店影响明显很大，金融机构的 *P* 值为 5%，因此也有影响。这跟回归分析得到的影响度结果一致（图 8.21）。

仔细看下图 8.26 中方差的值，是不是和图 8.21 的影响度大小顺序很相近呢？将各因子的方差值用柱状图表示如（图 8.27）。

和图 8.21 的图稍微有所不同，但其大小关系可以说非常相近。同样，抽出图 8.19 中回归分析结果中的 *t* 值的绝对值，如图 8.28 所示。

将 *t* 的绝对值描绘成柱状图，如图 8.29 所示。

方差分析					
差异源	SS	df	MS	F	P-value
销售店	3.38	1	3.38	101.4	0.00208548
设施	0.02	1	0.02	0.6	0.495025346
金融机构	0.32	1	0.32	9.6	0.053362723
餐饮店	2.42	1	2.42	72.6	0.003395777
误差	0.1	3	0.033333333		
合计	6.24	7			

图 8.26　方差分析表

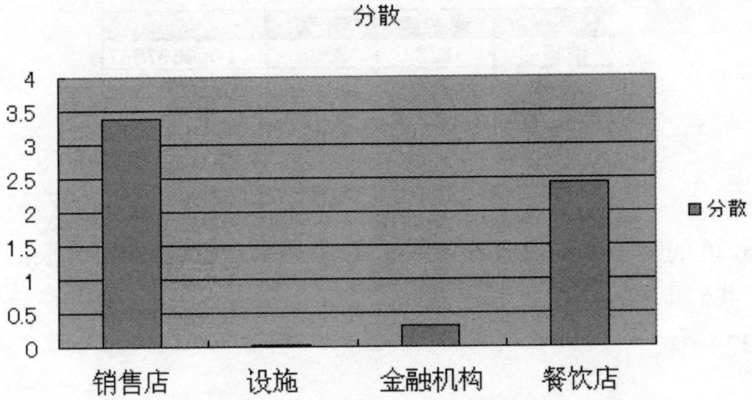

图 8.27 各因子的方差柱状图

因子	t
销售店	10.0697567
设施	0.774596669
金融机构	3.098386677
餐饮店	8.520563362

图 8.28 回归分析结果 t 的绝对值

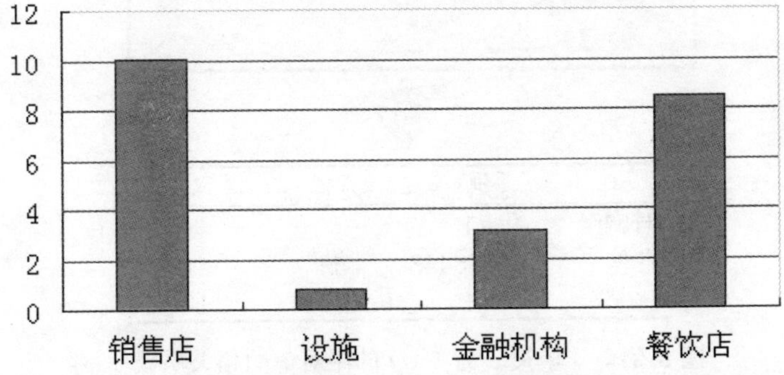

图 8.29 t 绝对值的柱状图

这也和图 8.21 及图 8.27 非常相近。也就是说，我们不仅可以利用影响度，还能利用方差及 t 的绝对值来表示因子的影响大小。

关于因子的影响度、方差和 t 的绝对值，如图 8.30 归纳成一个表，利用 Excel 的数据分析“相关系数”，求它们之间的相关系数，如图 8.31 所示。大部分是 1 或者接近 1。可知影响度、方差、t 绝对值的大小关系都相等或者非常相关。

因子	影响度	方差	t
销售店	1.3	3.38	10.0697567
设施	0.1	0.02	0.774596669
金融机构	0.4	0.32	3.098386677
餐饮店	1.1	2.42	8.520563362

图 8.30　影响度、方差、t 的绝对值

图 8.26 的方差分析表通过对图 8.22 及图 8.23 这两个二元表的方差分析而求出，我们也可以将图 8.15 分解成 4 个单因子设计的数据表（一元表）来求，像图 8.32 一样。

因子	影响度	方差	t
销售店	1.3	3.38	10.0697567
设施	0.1	0.02	0.77459667
金融机构	0.4	0.32	3.09838668
餐饮店	1.1	2.42	8.52056336

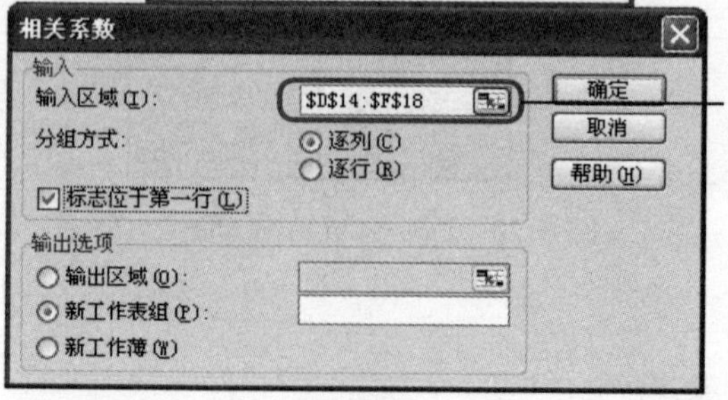

	影响度	方差	t
影响度	1		
方差	0.985443	1	
t	1	0.985443	1

图 8.31　影响度、方差、t 的绝对值的相关系数

注：相关系数为 1.00 或者 0.99。

图 8.32 中的每个表都可以进行 Excel 的“方差分析：单因素方差分析”。（图 8.33）。

图 8.33 中各方差分析表中的各因子的偏差平方和与图 8.26 的方差分析表完全一致。也就是说，一元表的结果也和图 8.26 一样能够求出方差分析表。

另外，我们利用（单）回归也能得出图 8.26 的方差分析表。在删除了冗

销售店	药店	书店
数据	4.4	6.7
	5.7	5.8
	5.1	5.4
	4.6	7.1

设施	洗车	美容美发
数据	4.4	5.1
	5.7	4.6
	6.7	5.4
	5.8	7.1

金融机构	银行	邮局
数据	4.4	5.7
	5.1	4.6
	6.7	5.8
	5.4	7.1

餐饮店	咖啡店	家族餐厅
数据	4.4	5.7
	4.6	5.1
	5.8	6.7
	5.4	7.1

图 8.32 4 个单因子设计的数据表

方差分析

差异源	SS	df	MS	F	P-value	F crit
销售店	3.38	1	3.38	7.090909	0.03738	5.987378
组内	2.86	6	0.476667			
总计	6.24	7				

方差分析

差异源	SS	df	MS	F	P-value	F crit
设施	0.02	1	0.02	0.019293	0.894076	5.987378
组内	6.22	6	1.036667			
总计	6.24	7				

方差分析

差异源	SS	df	MS	F	P-value	F crit
金融机构	0.32	1	0.32	0.324324	0.589689	5.987378
组内	5.92	6	0.986667			
总计	6.24	7				

方差分析

差异源	SS	df	MS	F	P-value	F crit
餐饮店	2.42	1	2.42	3.801047	0.09911	5.987378
组内	3.82	6	0.636667			
总计	6.24	7				

图 8.33 4 个单因子设计的方差分析表

长列的图 8.17 后，得到图 8.34，如图 8.35 用数据分析对各个因子进行回归分析。

No.	药店	洗车	银行	咖啡店	结果
1	1	1	1	1	4.4
2	1	1	0	0	5.7
3	1	0	1	0	5.1
4	1	0	0	1	4.6
5	0	1	1	0	6.7
6	0	1	0	1	5.8
7	0	0	1	1	5.4
8	0	0	0	0	7.1

图 8.34　删除冗长列之后的表（图 8.17）

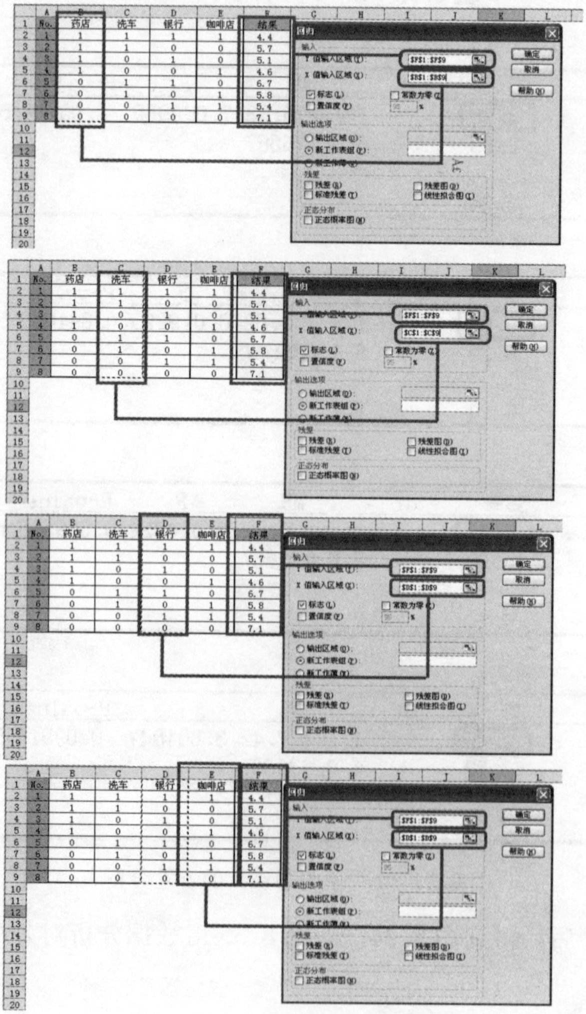

图 8.35　实施单列回归分析

通过4次回归分析我们得到4个方差分析表，如图8.36所示。

各因子的偏差平方和与图8.26及图8.33的偏差平方和相等，我们可从(单)回归分析的结果得出与图8.26一样的方差分析表。

分散分析表:销售店

	df	SS	MS	F	Significance
回归	1	3.38	3.38	7.090909091	0.03738
残差	6	2.86	0.476667		
总计	7	6.24			

分散分析表:设施

	df	SS	MS	F	Significance
回归	1	0.02	0.02	0.019292605	0.894076
残差	6	6.22	1.036667		
总计	7	6.24			

分散分析表:金融机构

	df	SS	MS	F	Significance
回归	1	0.32	0.32	0.324324324	0.589689
残差	6	5.92	0.986667		
总计	7	6.24			

分散分析表:餐饮店

	df	SS	MS	F	Significance
回归	1	2.42	2.42	3.80104712	0.09911
残差	6	3.82	0.636667		
总计	7	6.24			

图8.36 4个方差分析表

总　结

- 使用正交表的因子设计：试验设计法能够减少试验次数（调查项目数），是一种非常有用的因子设计方法。
- L_8 正交表最多可以对应 7 个因子，8 次试验；L_{16} 正交表最多可以对应 15 个因子，16 次试验。
- 可以在二元表或一元表的基础上利用 Excel 数据分析中的“方差分析”，也可将设计列表的数据通过虚拟变量 1，0 转换成数量化理论 I 类数据后，对每个因子实施回归分析，根据输出结果中的偏差平方和求出方差分析表。
- 利用 Excel 的回归分析，可求出回归方程，可以判断出哪个因子的影响大及预测所选水平的评价分数。

参考文献

1. 渕上美喜、上田太一郎、古谷都紀子『実践ワークショップ　Excel 徹底活用ビジネスデータ分析』、秀和システム

第 9 章 多水平作成法

在第 8 章中我们使用了正交表的因子设计：试验设计法进行了讲解。对于 2 水平的 7 个因子，我们可以用 L_8 正交表，但要把因子的水平数增加到 3 个，则需要使用 L_{13} 正交表。如表 1. 6 所示，L_{18} 正交表最多可以对应 2 水平的因子 1 个，3 水平的因子 7 个。

表 1.6　混合正交表的试验次数（再次使用表 1.6）

种　类	正交表	因子数	次　数
混合系	L_{12}	2 水平的因子 11 个	12
	L_{18}	2 水平的因子 1 个 3 水平的因子 7 个	18

若要对 4 水平的因子进行解析，可以利用拉丁方阵，也可以在正交表中利用多水平作成法增加水平数。

本章将对多水平作成法进行讲解。

9.1　L_{18} 正交表

如表 1.6 所示，L_{18} 正交表可以对 1 个 2 水平的因子和 7 个 3 水平的因子进行解析。若使用 L_{18} 正交表，就可以解析 3 水平的因子设计。

使用 L_{18} 正交表的因子设计可以使用与 L_8 正交表相同的操作顺序。但是，L_{18} 正交表（表 9.1）及 L_{12}（表 9.2）正交表这些被称为“混合系”的正交表中没有交互作用的体现列，这是混合正交表的特征。因此分配因子时不用考虑交互作用，这比 L_8 正交表等更容易。

而且，通常正交表必须最少用一列　来当做误差列，L_{18} 正交表即使给所有的列分配因子也能够进行统计分析。这是只有 L_{18} 正交表才有的特征。

表 9.1　L_{18} 正交表

No.	列 1	列 2	列 3	列 4	列 5	列 6	列 7	列 8
1	1	1	1	1	1	1	1	1
2	1	1	2	2	2	2	2	2
3	1	1	3	3	3	3	3	3
4	1	2	1	1	2	2	3	3
5	1	2	2	2	3	3	1	1
6	1	2	3	3	1	1	2	2
7	1	3	1	2	1	3	2	3
8	1	3	2	3	2	1	3	1
9	1	3	3	1	3	2	1	2
10	2	1	1	3	3	2	2	1
11	2	1	2	1	1	3	3	2
12	2	1	3	2	2	1	1	3
13	2	2	1	2	3	1	3	2
14	2	2	2	3	1	2	1	3
15	2	2	3	1	2	3	2	1
16	2	3	1	3	2	3	1	2
17	2	3	2	1	3	1	2	3
18	2	3	3	2	1	2	3	1

表 9.2 L_{12} 正交表

No.	列 1	列 2	列 3	列 4	列 5	列 6	列 7	列 8	列 9	列 10	列 11
1	1	1	1	1	1	1	1	1	1	1	1
2	1	1	1	1	1	2	2	2	2	2	2
3	1	1	2	2	2	1	1	1	2	2	2
4	1	2	1	2	2	1	2	2	1	1	2
5	1	2	2	1	2	2	1	2	1	2	1
6	1	2	2	2	1	2	2	1	2	1	1
7	2	1	2	2	1	1	2	2	1	2	1
8	2	1	2	1	2	2	2	1	1	1	2
9	2	1	1	2	2	2	1	2	2	1	1
10	2	2	2	1	1	1	1	2	2	1	2
11	2	2	1	2	1	2	1	1	1	2	2
12	2	2	1	1	2	1	2	1	2	2	1

那么如果出现了 4 个水平的因子该怎么办呢？实际上，没有一个正交表能够直接适用于 4 个水平的因子。

使用拉丁方阵也是一种方法，还可以使用“多水平作成法”，即从正交表的复数列中生成新列来分配新增的水平数。通过这种方法，因子设计的试验次数比使用拉丁方阵的因子设计的试验次数（调查项目数）要少。

9.2　多水平作成法

所谓多水平作成法是指生成新列，使其列比原正交表拥有更多水平的方法。通过正交表的复数列生成新列，用来放置比原来多的水平数。让我们用 L_8 正交表（表 9.3）来实际生成 4 水平的列。

表 9.3　L_8 正交表（有成分标识）（原表 8.4）

No.	列1	列2	列3	列4	列5	列6	列7
1	1	1	1	1	1	1	1
2	1	1	1	-1	-1	-1	-1
3	1	-1	-1	1	1	-1	-1
4	1	-1	-1	-1	-1	1	1
5	-1	1	-1	1	-1	1	-1
6	-1	1	-1	-1	1	-1	1
7	-1	-1	1	1	-1	-1	1
8	-1	-1	1	-1	1	1	-1
	a	*b*	*ab*	*c*	*ac*	*bc*	*abc*

例如，看下 L_8 正交表的列 1 和列 2，将各行的值看做一个组合。该组合有（1，1），（1，2），（2，1），（2，2）这 4 种。往这 4 种组合中分配水平，可以分配 4 个水平，这就是多水平作成法的原理。将（1，1），（1，2），（2，1），（2，2）分别替换为 1，2，3 和 4，这样就可以对应 4 水平。

但是这时除了列 1 和列 2 外，还需要使用另外一列。这一列就是列 1 和列 2 交互作用所在的列 3。利用列 1 和列 2 的组合来分配 4 个水平时，需要删除列 3。这源于数学中的确保自由度。在这里我不做详细解说，请把它当做一个规则即可。可以理解为，使用 2 个水平的 2 列来生成 4 水平时，其交互作用出现的列同时被抵消了。

像这样，从复数的列生成多水平列的方法就叫作多水平作成法。其结果，如图 9.1，其正交表中含有 4 个水平的列。

从列 1 和列 2 生成 4 水平的列，列 3 因此而被抵消。

其结果，L_8 正交表可以对应 1 个 4 水平的因子，3 个 2 水平的因子（其中 1 个 2 水平的列为分配误差的列）。

为了确认图 9.1 的表是否可以当做正交表来使用，我们需要求各列的相关系数。利用 Excel 的数据分析“相关系数”，如图 9.2，得到图 9.3 所示的相关系数列表。

No.	新列	列4	列5	列6	列7
1	1	1	1	1	1
2	1	2	2	2	2
3	2	1	1	2	2
4	2	2	2	1	1
5	3	1	2	1	2
6	3	2	1	2	1
7	4	1	2	2	1
8	4	2	1	1	2
成分	—	*c*	*ac*	*bc*	*abc*

图 9.1　含有 4 水平列的 L_8 正交表

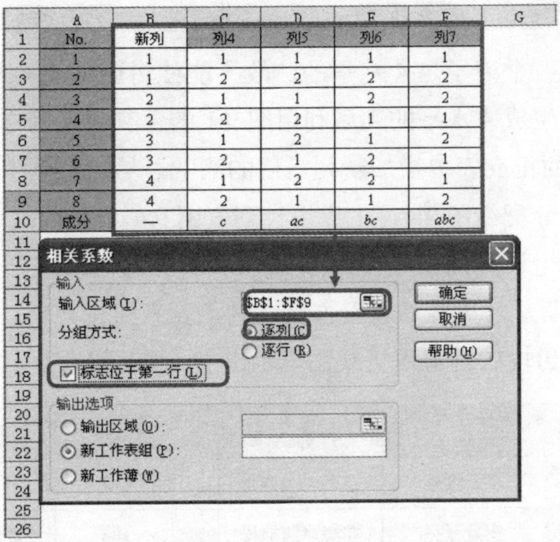

图 9.2　求含有 4 水平列 L_8 正交表的相关系数

	新列	列4	列5	列6	列7
新列	1				
列4	0	1			
列5	0	0	1		
列6	0	0	0	1	
列7	0	0	0	0	1

图 9.3　相关系数列表

从结果可知，所有不同列之间的相关系数为 0，由此我们可以断定正交表的性质被保留下来了。我们也可以从反面确认，比如说，由于填写疏忽而做成错误的正交表时，就可以使用该方法来确认。在利用多水平作成法时，有必要求出这样的相关系数列表。

9.3　含有多水平列正交表的适用事例

我们以生日约会的调查问卷为例。问卷项目的因子和水平如表 9.4 所示。

表 9.4　生日约会问卷的因子和水平

因子	第1水平	第2水平	第3水平	第4水平
主体	在市中心购物	在海岸边放松		
对方年龄	相同年纪	大5～10岁		
餐厅	日式料理	意大利料理		
饭后的酒吧	夜景漂亮	飞镖吧	现场表演	2个人的包厢

由于其中一个因子是 4 水平的，故不能使用通常的 L_8 正交表，而应通过多水平作成法生成 4 水平的列后利用图 9.1 的正交表来制作设计列表。

在图 9.1 的正交表中增加新列饭后的酒吧，然后将剩下的因子主体、对方的年龄、餐厅分配给图 9.4，生成设计列表图 9.4。

我们按这个设计列表展开问卷调查，10 分为满分，分别填写满意度。其结果如图 9.5 所示（男性站在对方女性的角度来回答）。

将女性和男性的答案用折线图表示出来，如图 9.6 所示。

No	饭后的酒吧（列1）	主体（列4）	对方年龄（列5）	餐厅（列7）
1	夜景漂亮	在市中心购物	相同年纪	日本料理
2	夜景漂亮	在海岸边放松	大5～10岁	意大利料理
3	飞镖吧	在市中心购物	相同年纪	意大利料理
4	飞镖吧	在海岸边放松	大5～10岁	日本料理
5	现场演奏	在市中心购物	大5～10岁	意大利料理
6	现场演奏	在海岸边放松	相同年纪	日本料理
7	2个人的包厢	在市中心购物	大5～10岁	日本料理
8	2个人的包厢	在海岸边放松	相同年纪	意大利料理

图 9.4　设计列表

No	饭后的酒吧（列1）	主体（列4）	对方年纪（列5）	餐厅（列7）	回答女性7人	回答男性9人
1	夜景漂亮	在市中心购物	相同年纪	日本料理	7.9	7.2
2	夜景漂亮	在海岸边放松	大5～10岁	意大利料理	8.6	6.7
3	飞镖吧	在市中心购物	相同年纪	意大利料理	5.0	3.3
4	飞镖吧	在海岸边放松	大5～10岁	日本料理	3.6	3.3
5	现场演奏	在市中心购物	大5～10岁	意大利料理	7.1	6.7
6	现场演奏	在海岸边放松	相同年纪	日本料理	5.7	5.0
7	2个人的包厢	在市中心购物	大5～10岁	日本料理	8.6	5.0
8	2个人的包厢	在海岸边放松	相同年纪	意大利料理	7.9	5.6

图 9.5　生日约会的问卷调查

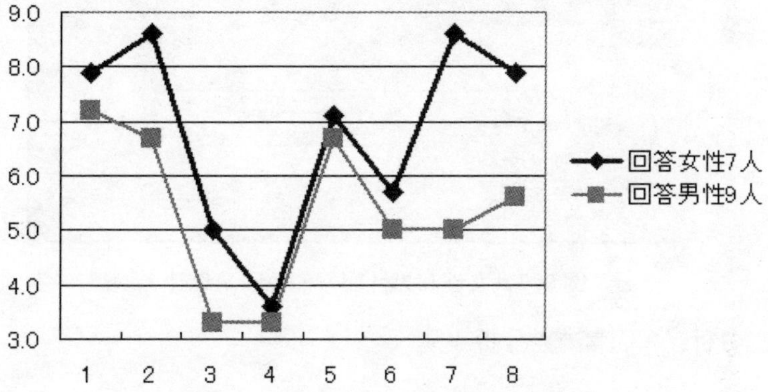

图 9.6　女性和男性的回答做成的折线图

从图中我们可以明显地看出，男女的思考方法存在明显的差异。对女性和男性的回答数据实施单因子方差分析（图 9.7），我们可以得到方差分析表如图 9.8 所示。

“组间”表示的是性别因子的偏差平方和。*P* 值为 0.106，低于 15%，因此可以断定，由于男女性别的差异，结果有差异。也就是说男性还没有抓住女性的心。

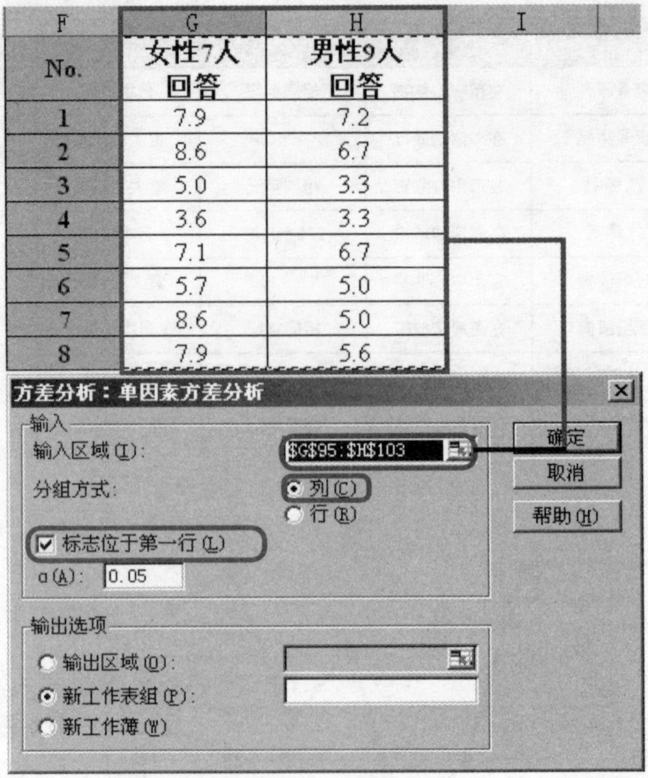

图 9.7　女性和男性回答的单因子设计

方差分析：单因素方差分析

SUMMARY

组	观测数	求和	平均	方差
女性7人回答	8	54.4	6.8	3.382857
男性9人回答	8	42.8	5.35	2.254286

方差分析

差异源	SS	df	MS	F	P-value	F crit
组间	8.41	1	8.41	2.983781	0.106088	4.60011
组内	39.46	14	2.818571			
总计	47.87	15				

图 9.8　方差分析表

9.4 解析女性的回答

接下来我们用方差分析对图 9.5 中女性的回答进行解析，求出其方差分析表。在这里，我们把每个因子做成一元表，用 Excel 数据分析 “方差分析：单因素方差分析”求这 4 个单因子设计的方差分析表（图 9.9 ～图 9.12）。

夜景漂亮	飞镖吧	现场表演	2个人的包厢
7.9	5	7.1	8.6
8.6	3.6	5.7	7.9

图 9.9 “饭后的酒吧”因子的一元表

在市中心购物	在海岸边放松
7.9	8.6
5.0	3.6
7.1	5.7
8.6	7.9

图 9.10 “主体”因子的一元表

相同年纪	大5～10岁
7.9	8.6
5.0	3.6
5.7	7.1
7.9	8.6

图 9.11 “对方年龄”因子的一元表

日式料理	意大利料理
7.9	8.6
3.6	5.0
5.7	7.1
8.6	7.9

图 9.12 “餐厅”因子的一元表

用 Excel 数据分析 “方差分析：单因素方差分析”分别对这些一元表求方差分析表如图 9.13 ～图 9.16。

在图 9.13 ～图 9.16 各因子的偏差平方和基础上求出 4 因子的方差分析表，如图 9.17 所示。

该结果中 *P* 值在 15% 以下的只有饭后的酒吧，即对于女性来说，生日约会的关键就只在于此。

方差分析：单因素方差分析

SUMMARY

组	观测数	求和	平均	方差
夜景漂亮	2	16.5	8.25	0.245
飞镖吧	2	8.6	4.3	0.98
现场表演	2	12.8	6.4	0.98
2个人的包厢	2	16.5	8.25	0.245

方差分析

差异源	SS	df	MS	F	P-value	F crit
组间	21.23	3	7.076666667	11.5537415	0.019364829	6.591382117
组内	2.45	4	0.6125			
总计	23.68	7				

图 9.13 “饭后的酒吧”因子的方差分析表

方差分析：单因素方差分析

SUMMARY

组	观测数	求和	平均	方差
在市中心购物	4	28.6	7.15	2.43
在海岸边放松	4	25.8	6.45	5.136666667

方差分析

差异源	SS	df	MS	F	P-value	F crit
组间	0.98	1	0.98	0.259030837	0.628956	5.987378
组内	22.7	6	3.783333333			
总计	23.68	7				

图 9.14 “主体”因子的方差分析表

方差分析：单因素方差分析

SUMMARY

组	观测数	求和	平均	方差
相同年纪	4	26.5	6.625	2.249167
大5~10岁	4	27.9	6.975	5.5625

方差分析

差异源	SS	df	MS	F	P-value	F crit
组间	0.245	1	0.245	0.062727	0.810593	5.987378
组内	23.435	6	3.905833			
总计	23.68	7				

图 9.15 “对方年纪”因子的方差分析表

方差分析：单因素方差分析

SUMMARY

组	观测数	求和	平均	方差
日式料理	4	25.8	6.45	5.136667
意大利料理	4	28.6	7.15	2.43

方差分析

差异源	SS	df	MS	F	P-value	F crit
组间	0.98	1	0.98	0.259031	0.628956	5.987378
组内	22.7	6	3.783333			
总计	23.68	7				

图 9.16 “餐厅”因子的方差分析表

方差分析表						
差异源	SS	df	MS	F	P-value	F crit
餐后的酒吧	21.23	3	7.076666667	28.88435374	0.135737	
主体	0.98	1	0.98	4	0.295167	
对方的年纪	0.245	1	0.245	1	0.5	
餐厅	0.98	1	0.98	4	0.295167	
误差	0.245	1	0.245			
合计	23.68	7				

图 9.17 4因子的方差分析表

像这样，利用多水平作成法可以增加水平数，而至今为止的解析方法同样适用于这种正交表的试验设计法。

9.5 练习题

请求出图 9.5（即图 9.18）中男性回答的方差分析表，并观察结果。

参考答案

首先，基于图 9.5 的男性回答结果对各因子求一元表（图 9.19）。

根据该结果中各因子的偏差平方和，作成的 4 因子的方差分析表如下（图 9.20）。

与女性回答的解析结果不同，所有因子的 P 值均在 15% 以上，可见，没有因子对满意度有影响。原因在于，男性并不能真正理解女性的想法，导致误差的偏差平方和相对变大。

夜景漂亮	飞镖吧	现场表演	2个人的包厢
7.2	3.3	6.7	5.0
6.7	3.3	5.0	5.6

在市中心购物	在海岸边放松
7.2	6.7
3.3	3.3
6.7	5.0
5.0	5.6

相同年纪	大5~10岁
7.2	6.7
3.3	3.3
5.0	6.7
5.6	5.0

日式料理	意大利料理
7.2	6.7
3.3	3.3
5.0	6.7
5.0	5.6

图 9.18　男性回答的一元表

方差分析

差异源	SS	df	MS	F	P-value	F crit
饭后的酒吧	14.03	3	4.676667	10.68952381	0.022189	6.591392
误差	1.75	4	0.4375			
总计	15.78	7				

方差分析

差异源	SS	df	MS	F	P-value	F crit
主体	0.32	1	0.32	0.124191462	0.736581	5.987374
误差	15.46	6	2.576667			
总计	15.78	7				

方差分析

差异源	SS	df	MS	F	P-value	F crit
对方年龄	0.045	1	0.045	0.017159199	0.900063	5.987374
误差	15.735	6	2.6225			
总计	15.78	7				

方差分析

差异源	SS	df	MS	F	P-value	F crit
餐厅	0.405	1	0.405	0.15804878	0.704717	5.987374
误差	15.375	6	2.5625			
总计	15.78	7				

图 9.19 单元表的方差分析表

方差分析

差异源	SS	df	MS	F	P-value
饭后的酒吧	14.03	3	4.676667	19.08843537	0.166325
主体	0.32	1	0.32	1.306122449	0.457621
对方年龄	0.045	1	0.045	0.183673469	0.742238
餐厅	0.405	1	0.405	1.653061224	0.420833
误差	0.98	1	0.98		
总计	15.78	7			

图 9.20 4因子的方差分析表

9.6　观察因子的效果

从图 9.9 ～图 9.12 及图 9.18 的一元表中求各水平的平均值 (图 9.21)，并描绘折线图， 即因子效果图（图 9.22），从图中可以看出各因子中哪个水平对提高满意度有作用。

各表描绘折线图（因子效果图），从图中可以知道各水平对满意度的影响有多大。

另外，利用回归分析来解析，可方便地求出各水平的回归参数，即因子的效果。

我们对图 9.5 中女性的回答进行回归分析。首先，如图 9.23 一样利用虚拟变量 1，0 将图 9.5 转换（做成各水平的列，在相应的行中填 1，其余填 0）。

夜景漂亮	飞镖吧	现场表演	2个人的包厢
8.25	4.3	6.4	8.25

在市中心购物	在海岸边放松
7.2	6.5

相同年纪	大5～10岁
6.6	7

日式料理	意大利料理
6.5	7.2

图 9.21　各水平的平均值

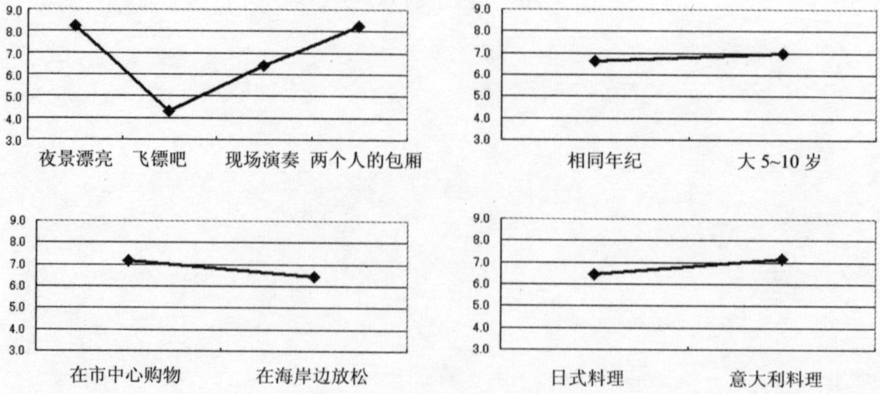

图 9.22　因子效果图

No	夜景漂亮	飞镖吧	现场表演	2个人的包厢	在市中心购物	在海岸边放松	相同年纪	大5～10岁	日式料理	意大利料理	女性7人回答
1	1	0	0	0	1	0	1	0	1	0	7.9
2	1	0	0	0	0	1	0	1	0	1	8.6
3	0	1	0	0	1	0	1	0	0	1	5.0
4	0	1	0	0	0	1	0	1	1	0	3.6
5	0	0	1	0	1	0	0	1	0	1	7.1
6	0	0	1	0	0	1	1	0	1	0	5.7
7	0	0	0	1	1	0	0	1	1	0	8.6
8	0	0	0	1	0	1	1	0	0	1	7.9

图 9.23 虚拟变量

将各因子数据冗长的 1 列删除之后，这个表就可以实施回归分析了。在这里，我们删除两个人的包厢、在海岸边放松、5 ～ 10 岁、“意大利料理”这些列，做成表，如图 9.24 所示。

No	夜景漂亮	飞镖吧	现场表演	在市中心购物	相同年纪	日式料理	女性7人回答
1	1	0	0	1	1	1	7.9
2	1	0	0	0	0	0	8.6
3	0	1	0	1	1	0	5.0
4	0	1	0	0	0	1	3.6
5	0	0	1	1	0	0	7.1
6	0	0	1	0	1	1	5.7
7	0	0	0	1	0	1	8.6
8	0	0	0	0	1	0	7.9

图 9.24 进行回归分析

我们用 Excel 数据分析的“回归”对该表进行解析（图 9.25），回归分析结果如图 9.26 所示。

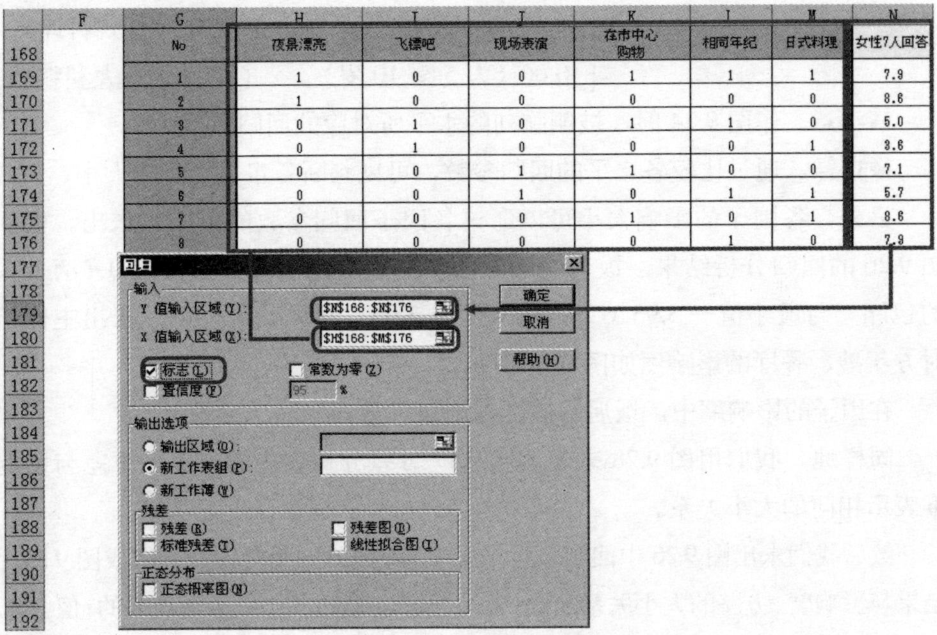

图 9.25 进行回归分析

SUMMARY OUTPUT

回归统计	
Multiple R	0.994813408
R Square	0.989653716
Adjusted R Square	0.927576014
标准误差	0.494974747
观测值	8

方差分析

	df	SS	MS	F	Significance F
回归分析	6	23.435	3.905833333	15.94217687	0.189407378
残差	1	0.245	0.245		
总计	7	23.68			

	Coefficients	标准误差	t Stat	P-value	Lower 95%	Upper 95%	下限 95.0%	上限 95.0%
Intercept	8.425	0.463006479	18.19628963	0.034951083	2.541944879	14.30805512	2.541944879	14.30805512
夜景漂亮	0	0.494974747	0	1	-6.289250471	6.289250471	-6.289250471	6.289250471
飞镖吧	-3.95	0.494974747	-7.980205102	0.079361196	-10.23925047	2.339250471	-10.23925047	2.339250471
现场表演	-1.85	0.494974747	-3.737564415	0.16643186	-8.139250471	4.439250471	-8.139250471	4.439250471
在市中心购物	0.7	0.35	2	0.295167235	-3.747171657	5.147171657	-3.747171657	5.147171657
相同年纪	-0.35	0.35	-1	0.500000001	-4.797171657	4.097171657	-4.797171657	4.097171657
日式料理	-0.7	0.35	-2	0.295167235	-5.147171657	3.747171657	-5.147171657	3.747171657

图 9.26 回归分析的结果

各水平对满意度的影响如回归分析结果左下的回归参数所示。根据这些回归参数我们可以求出满意度的回归方程。

$$\text{满意度} = 8.425 + \overset{\text{饭后的酒吧}}{\begin{cases} -0.00\ (\text{夜景漂亮}) \\ -3.95\ (\text{飞镖吧}) \\ -1.85\ (\text{现场表演}) \\ \underline{0.00\ (\text{两个人的包厢})} \end{cases}} + \overset{\text{主体}}{\begin{cases} \underline{0.70(\text{在市中心购物})} \\ 0.00(\text{在海岸边放松}) \end{cases}}$$

$$+ \overset{\text{对方的年纪}}{\begin{cases} -0.35(\text{相同年纪}) \\ \underline{0.00(\text{大 5} \sim \text{10 岁})} \end{cases}} + \overset{\text{餐厅}}{\begin{cases} -1.10(\text{日式料理}) \\ \underline{0.00\ (\text{意大利料理})} \end{cases}}$$

请注意，作图 9.24 时，被删除列的水平所对应的回归参数为 0。

像这样，通过比较各水平的回归参数，可以判断各水平影响的大小。

另外，各因子的影响大小可以通过各因子回归参数的范围来求出。根据图 9.26 的回归分析结果，饭后的酒吧的影响度为回归参数最大值 0（两个人的包厢）与最小值－3.95（飞镖吧）的差 3.95。同样我们也可以求出主体、对方年龄、餐厅的影响度如图 9.27 所示。

在因子的影响度中，饭后的酒吧占绝对优势。

同样地，我们用图 9.28 来表示图 9.17 方差分析表中的方差。方差与影响度表示相同的大小关系。

然后我们求出图 9.26 中回归分析结果中各因子的 t 值范围，并做成图 9.29，结果与影响度、方差的大小关系一致（请注意求 t 值范围时，没表示出来的 t 值为 0。在该实例中，饭后的酒吧由于有 4 个水平，因此我们求该 t 值的范围）。

因子	影响度
饭后的酒吧	3.95
主体	0.70
对方年纪	0.35
餐厅	0.70

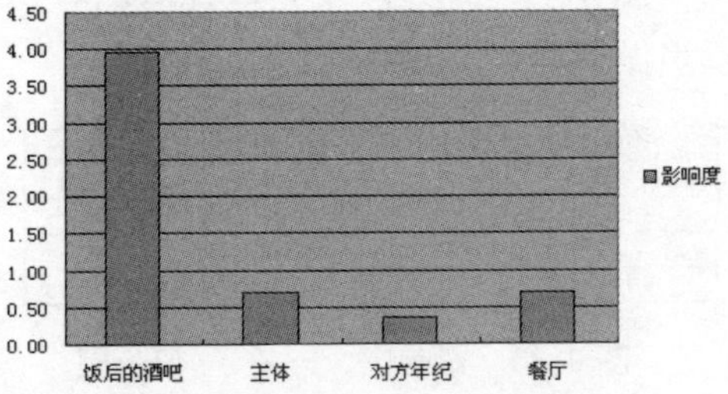

图 9.27 影响度

因子	方差
饭后的酒吧	7.076667
主体	0.98
对方年纪	0.245
餐厅	0.98

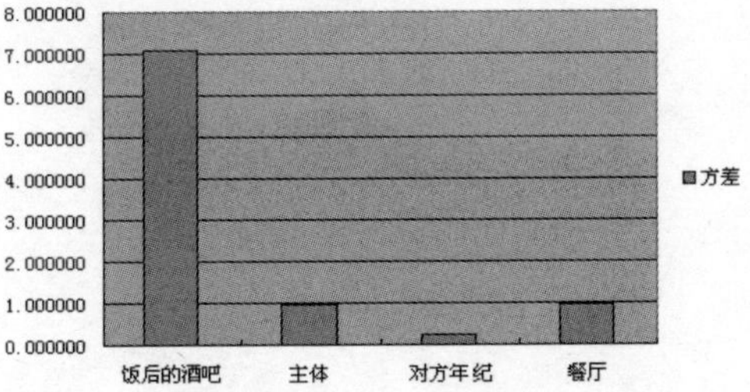

图 9.28 各因子的方差

因子	t范围
饭后的酒吧	7.980205
主体	2
对方年纪	1
餐厅	2

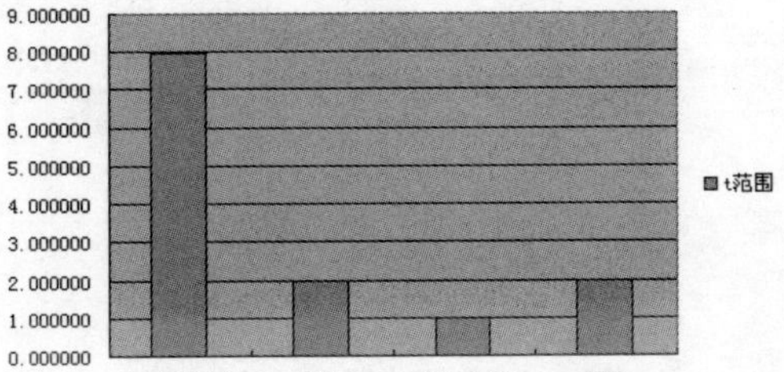

图 9.29 各因子的 t 值范围

我们把影响度、方差、t 值范围用一览表表示如图 9.30 所示。

我们对图 9.30 的影响度、方差及 t 值范围求相关系数，如图 9.31 所示。

与图 8.31 一样，它们彼此间的相关系数为 1 或者非常接近 1。由于影响度、方差及 t 值范围的大小关系都基本上相等或者有很强的相关性，所以我们可以知道任何一个都可以当做判断因子影响大小的指标。

因素	影响度	方差	t 范围
饭后的酒吧	3.95	7.076667	7.9802051
主体	0.7	0.98	2
对方年纪	0.35	0.245	1
餐厅	0.7	0.98	2

图 9.30　影响度、方差、t 值范围

	影响度	方差	t 范围
影响度	1		
方差	0.999938	1	
t 范围	0.998723	0.999224	1

图 9.31　影响度、方差及 t 值范围的相关系数

9.7 练习题

我们用回归分析对图 9.5 男性的回答进行解析（图 9.32）。

与图 9.25 一样，用 Excel 数据分析的“回归”功能对该表进行解析时，可得到如图 9.33 所示的回归分析结果。

根据这些结果，我们可以如下求出关于男性回答的满意度的回归方程。

$$\text{满意度} = 5.4 + \overset{\text{饭后的酒吧}}{\begin{cases} 1.65\text{（夜景漂亮）} \\ -2.00\text{（飞镖吧）} \\ -0.55\text{(现场表演)} \\ 0.00\text{（两个人的包厢）} \end{cases}} + \overset{\text{主体}}{\begin{cases} 0.40\text{（在市中心购物）} \\ 0.00\text{（在海岸边放松）} \end{cases}}$$

$$+ \overset{\text{对方的年纪}}{\begin{cases} -0.15\text{（相同年纪）} \\ 0.00\text{（大 5～10 岁）} \end{cases}} + \overset{\text{餐厅}}{\begin{cases} -0.45\text{（日式料理）} \\ 0.00\text{（意大利料理）} \end{cases}}$$

No	夜景漂亮	飞镖吧	现场表演	在市中心购物	相同年纪	日式料理	男性9人回答
1	1	0	0	1	1	1	7.2
2	1	0	0	0	0	0	6.7
3	0	1	0	1	1	0	3.3
4	0	1	0	0	0	1	3.3
5	0	0	1	1	0	0	6.7
6	0	0	1	0	1	1	5.0
7	0	0	0	1	0	1	5.0
8	0	0	0	0	1	0	5.6

图 9.32　男性回答的回归分析执行表

SUMMARY OUTPUT

回归统计	
Multiple R	0.968450345
R Square	0.937896071
Adjusted R Square	0.565272497
标准误差	0.989949494
观测值	8

方差分析

	df	SS	MS	F	Significance F
回归分析	6	14.8	2.466666667	2.517006803	0.448276924
残差	1	0.98	0.98		
总计	7	15.78			

	Coefficients	标准误差	t Stat	P-value	Lower 95%	Upper 95%	下限 95.0%	上限 95.0%
Intercept	5.4	0.926012959	5.831451869	0.108118412	-6.366110242	17.16611024	-6.366110242	17.16611024
夜景漂亮	1.65	0.989949494	1.666751699	0.34402741	-10.92850094	14.22850094	-10.92850094	14.22850094
飞镖吧	-2	0.989949494	-2.020305089	0.292602754	-14.57850094	10.57850094	-14.57850094	10.57850094
现场表演	0.55	0.989949494	0.5555839	0.677157277	-12.02850094	13.12850094	-12.02850094	13.12850094
在市中心购物	0.4	0.7	0.571428571	0.669501319	-8.494343314	9.294343314	-8.494343314	9.294343314
相同年纪	-0.15	0.7	-0.214285714	0.86561381	-9.044343314	8.744343314	-9.044343314	8.744343314
日式料理	-0.45	0.7	-0.642857143	0.636275264	-9.344343314	8.444343314	-9.344343314	8.444343314

图 9.33

其中各因子的影响度如图 9.34 所示。

因子	影响度
饭后的酒吧	3.65
主体	0.4
对方年龄	0.15
餐厅	0.45

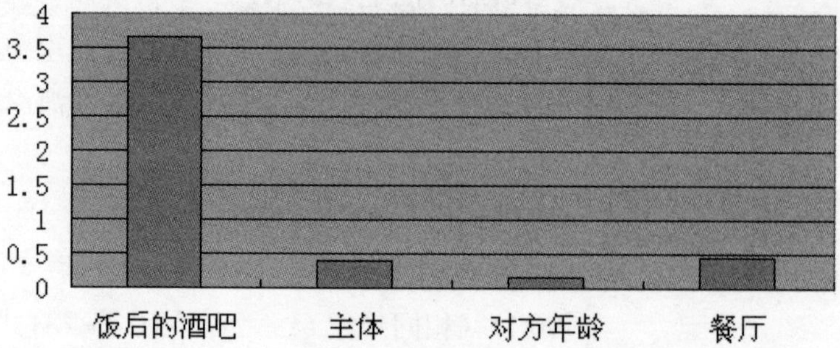

图 9. 34　影响度

总 结

- 通过多水平作成法，即使因子的水平数多于正交表可以对应的水平数，试验设计法也能够适用。
- 根据由 Excel 数据分析回归分析出来的结果，我们可以求出所有因子的方差分析表。
- 通过回归分析可以简单地求出因子的效果，而不用画因子效果图。
- 判断因子的影响时，除了影响度以外我们还可以利用各因子的方差及 t 值的范围。

参考文献

1. 渕上美喜、上田太一郎、古谷都紀子『実践ワークショップ　Excel 徹底活用ビジネスデータ分析』、秀和システム

第10章 因子设计中试验设计法的应用

因子数比较少，只有一、两个时，需要选好因子和水平，在第3章中我们介绍了这种基础因子设计的实例。但是，在实际营业、策划、市场营销中，所使用的因子设计往往有更多的因子数。

在本章之前，我们对“试验设计法”进行了解说。从中可知，即使因子数很多，只要使用正交表，也能以较少的调查项目数来实现因子设计。

在本章中，我们将根据实际来店客户数的数据，介绍使用试验设计法的因子设计事例。我们将通过具体事例，对更实用的因子设计的顺序进行解说。

10.1　预测来店客户数

表 10.1 是某零售店每天的来店客户数据。通过分析促销活动对来店客户数的影响，预测来店客户数将能实现高效率的经营。

表 10.1　每天来店客户数据

日期	来店客户数
1	606
2	555
3	505
4	576
5	707
6	808
7	626
8	636
9	1616
10	1313
11	505
12	442
13	731
14	977

将活动、自动呼叫、宣传单等促销措施的有无作为影响来店客户数的主动因子，星期作为影响客户数的被动因子，汇集成表（图 10.1）。

如果能解析这些数据，求出是什么对来店客户数的增减有影响，及影响程度，那就能够预测出来店客户数。

日期	活动	自动呼叫	宣传单	星期	来店客户数
1	有	无	无	六	606
2	有	无	无	日	555
3	有	无	无	一	505
4	有	无	无	二	576
5	无	有	无	三	707
6	无	有	无	四	808
7	无	无	无	五	626
8	有	无	有	六	636
9	有	有	有	日	1616
10	有	有	无	一	1313
11	有	无	无	二	505
12	有	无	无	三	442
13	无	有	无	四	731
14	无	有	无	五	977

图 10.1　加上有无促销、星期后的来店客户数

这些数据是沿时间轴分布的时间系列数据。对于时间系列数据，首先要大概地观测其特性值，即所要调查的目标值沿时间轴的变动。故我们以横轴为时间画出折线图（图 10.2）。

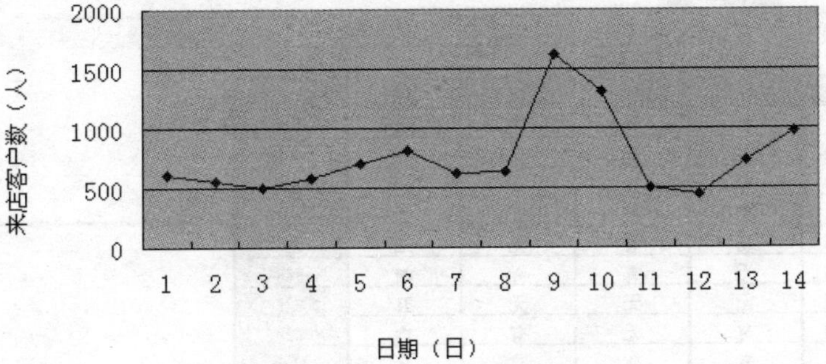

图 10.2　来店客户数的折线图

从图 10.2 的折线图中似乎不能读取出明显的变化，但也可以看出 9 日、10 日由于一些原因导致来店客户数显著增加。

我们进一步用折线图来表示各因子和来店客户数之间的关系。图 10.3 是根据有无活动搜集的来店客户数的折线图。

在 Excel 中描绘该图时，如图 10.4 所示，选中来店客户数的数据并单击按钮（或者从菜单“插入”→单击“图表”）来启动图表向导。

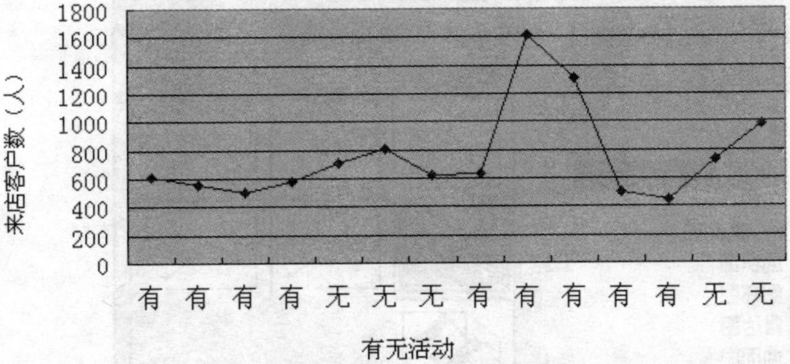

图 10.3　有无活动的来店客户数

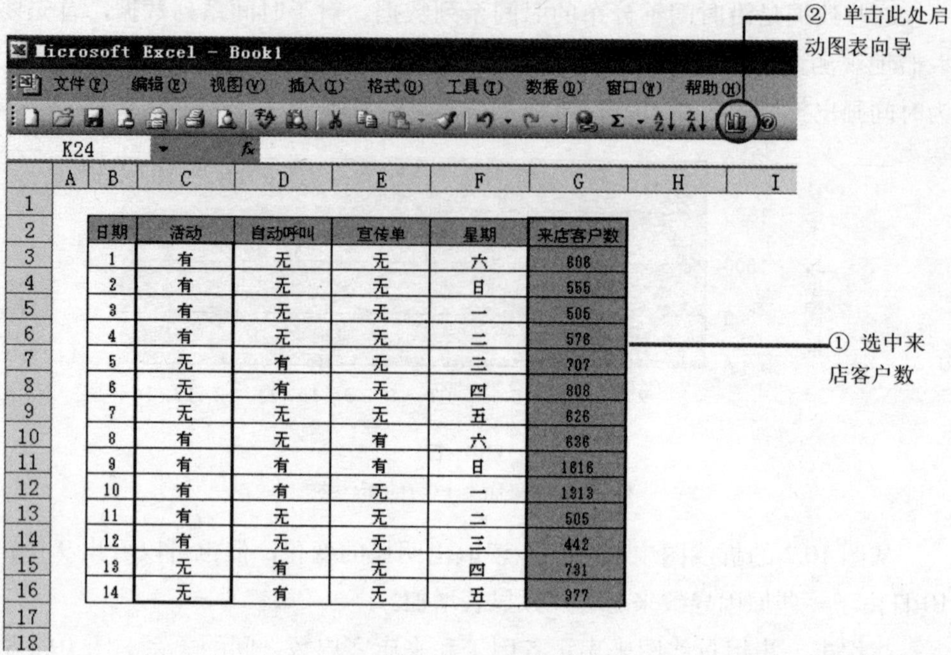

日期	活动	自动呼叫	宣传单	星期	来店客户数
1	有	无	无	六	608
2	有	无	无	日	555
3	有	无	无	一	505
4	有	无	无	二	576
5	无	有	无	三	707
6	无	有	无	四	808
7	无	无	无	五	626
8	有	无	有	六	636
9	有	有	有	日	1616
10	有	有	无	一	1313
11	有	无	无	二	505
12	有	无	无	三	442
13	无	有	无	四	731
14	无	有	无	五	977

图 10.4　启动图表向导

在出现的对话框“图表向导 -4 步骤之 1”中，选择折线图（图 10.5、图 10.6）。

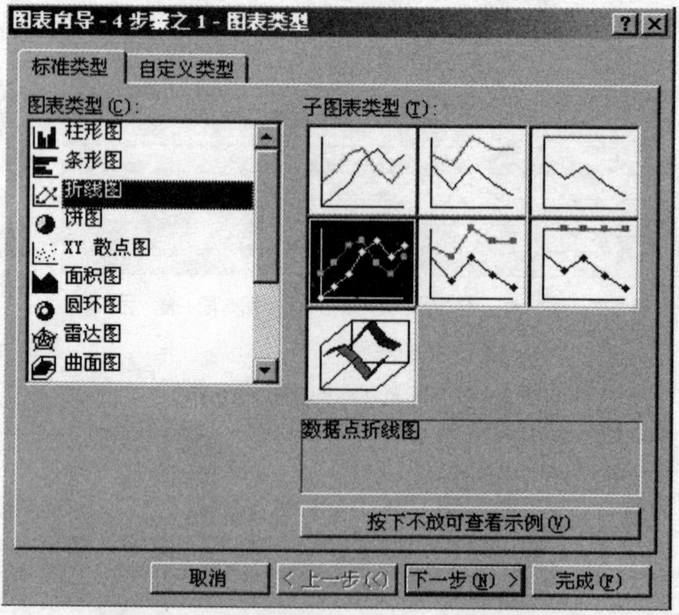

图 10.5　“图表向导步骤之 1”　对话框

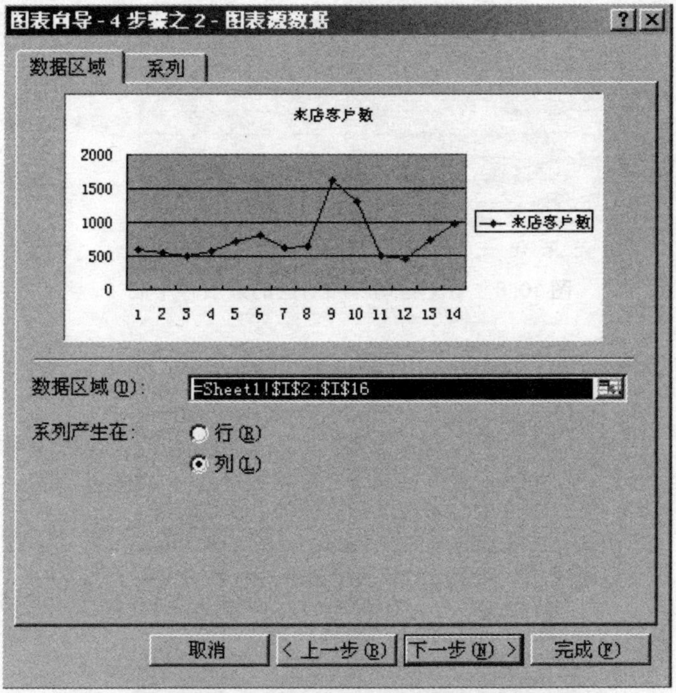

图 10. 6 “图表向导步骤之 2” 对话框

如图 10.7 所示，在“分类（X）轴标志”中指定表示活动有无的单元格并单击“确定”按钮，其结果如图 10.3 所示。

针对自动呼叫的有无、宣传单的有无及星期所对应的来店客户数可用同样的方法绘制折线图（图 10.8 ～图 10.10）。

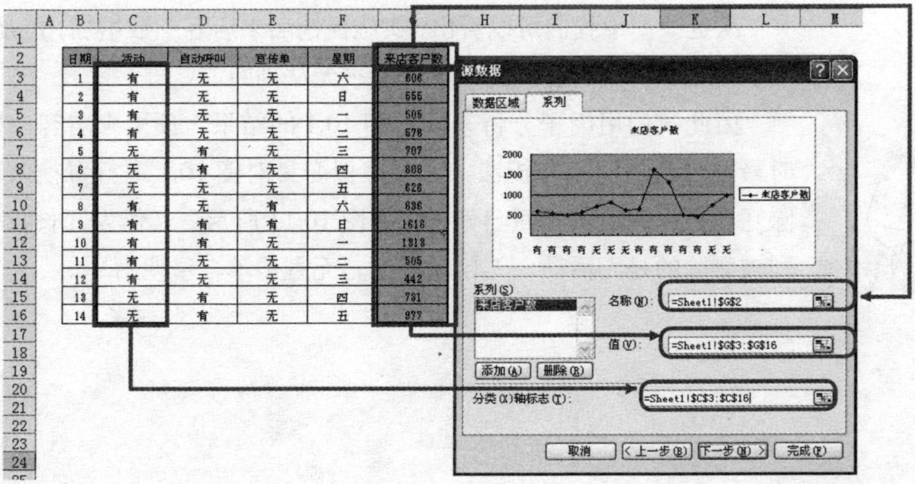

图 10. 7

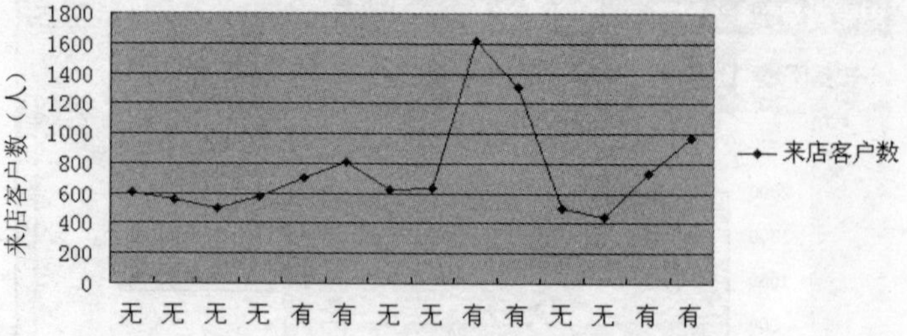

图 10.8　有无自动呼叫对应的来店客户数

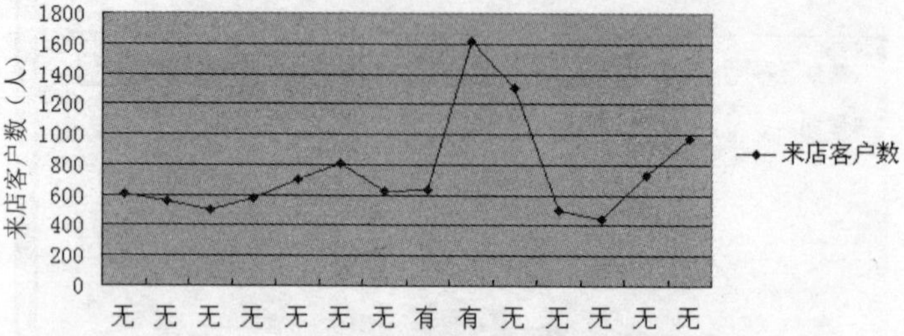

图 10.9　有无宣传单对应的来店客户数

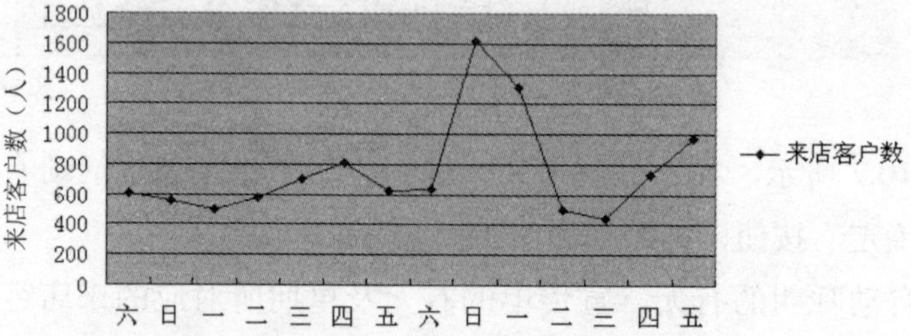

图 10.10　各星期对应的来店客户数

从这些图中我们可以看出，实施促销后来店客户数增加。但是，至于是哪种促销有怎样的影响，似乎无从判断。

因此我们用因子分析来解析图 10.1 的结果。预测来店客户数时最适合使用回归分析法。通过虚拟变量对图 10.1 进行置换，删除冗长数据列后实施回归分析，如图 10.11 所示。（作为冗长数据列被删除的是无活动、无自动呼叫、无宣传单、星期六）。

日期	有活动	有自动呼叫	有宣传单	星期一	星期二	星期三	星期四	星期五	星期六	来店客户数
1	1	0	0	0	0	0	0	0	0	606
2	1	0	0	1	0	0	0	0	0	555
3	1	0	0	0	1	0	0	0	0	505
4	1	0	0	0	0	1	0	0	0	576
5	0	1	0	0	0	0	1	0	0	707
6	0	1	0	0	0	0	0	1	0	808
7	0	0	0	0	0	0	0	0	1	626
8	1	0	1	0	0	0	0	0	0	636
9	1	1	1	1	0	0	0	0	0	1616
10	1	1	0	0	1	0	0	0	0	1313
11	1	0	0	0	0	1	0	0	0	505
12	1	0	0	0	0	0	1	0	0	442
13	0	1	0	0	0	0	0	1	0	731
14	0	1	0	0	0	0	0	0	1	977

图 10.11　回归分析的执行表

如图 10.12 所示，用 Excel 的数据分析对该表做回归分析，得到回归分析结果如图 10.13 所示。

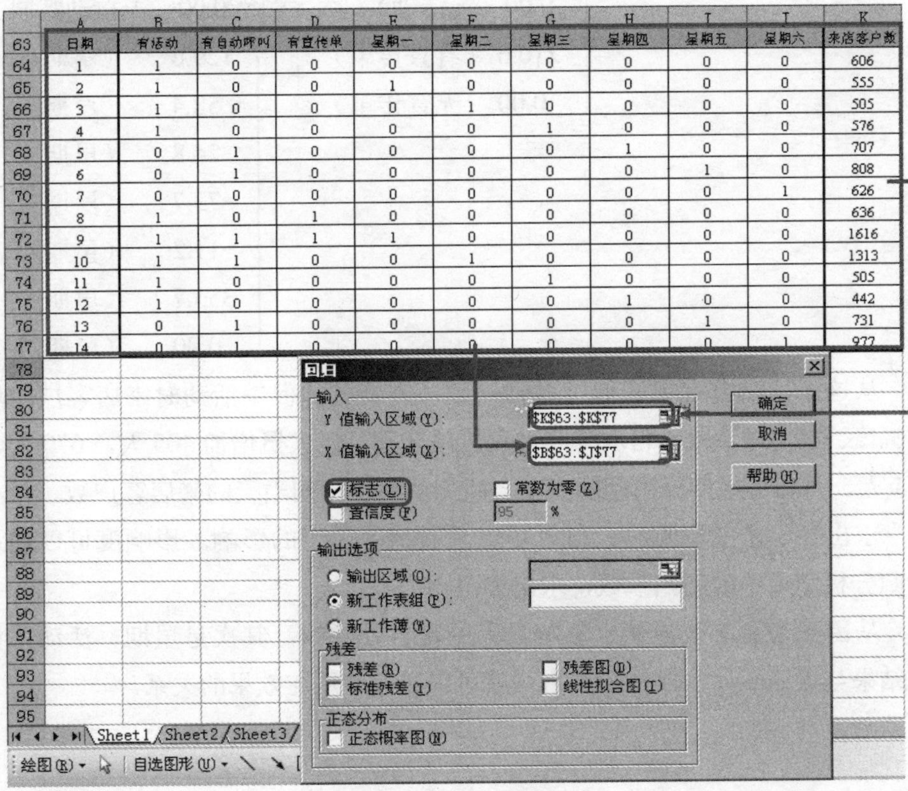

图 10.12　实行回归分析

	Coefficien	标准误差	t Stat	P-value
Intercept	110.9	280.6673	0.39513	0.712913
有活动	404.8	262.5403	1.541859	0.197968
有自动呼叫	669.8	140.3337	4.77291	0.008821
有宣传单	210.6	171.8729	1.225324	0.287668
星期一	129.6	171.8729	0.754045	0.49278
星期二	58.4	204.5697	0.285477	0.789451
星期三	24.8	178.891	0.138632	0.89644
星期四	-73.7	210.5005	-0.35012	0.743909
星期五	-11.2	285.019	-0.0393	0.970538
星期六	355.7	285.019	1.247987	0.280102

图 10.13　回归分析结果（部分）

根据该回归分析的结果，可求出来店客户数的回归方程式如下。

$$\text{来店客户数} = 110.9 + \begin{cases} 404.8\text{（有活动）} \\ 0.00\text{（无活动）} \end{cases} + \begin{cases} 669.8\text{（有自动呼叫）} \\ 0.00\text{（无自动呼叫）} \end{cases}$$

$$+ \begin{cases} 210.6\text{（有宣传单）} \\ 0.00\text{（无宣传单）} \end{cases} + \begin{cases} 129.6 & \text{（星期日）} \\ 58.4 & \text{（星期一）} \\ 24.8 & \text{（星期二）} \\ -73.7 & \text{（星期三）} \\ -11.2 & \text{（星期四）} \\ 355.7 & \text{（星期五）} \\ 0.00 & \text{（星期六）} \end{cases}$$

从这个回归方程中我们可以预测到，实施各种促销活动时来店客户的增加幅度。其中做活动、自动呼叫及宣传单分别可以大概增加 405 人，670 人，211 人。再加上星期所引起的变动，我们就可以预测当天的来店客户数。

求出各因子的影响度，可以更容易看清各因子的影响。影响度可以通过回归分析结果中的回归参数，求出如图 10.14。

从因子来看，很显然，影响最大的是自动呼叫，其次是星期、活动。将该结果与促销活动的成本相结合，就可以研究费用与效果的关系。

因子	影响度
活动	404.8
自动呼叫	669.8
宣传单	210.6
星期	429.4

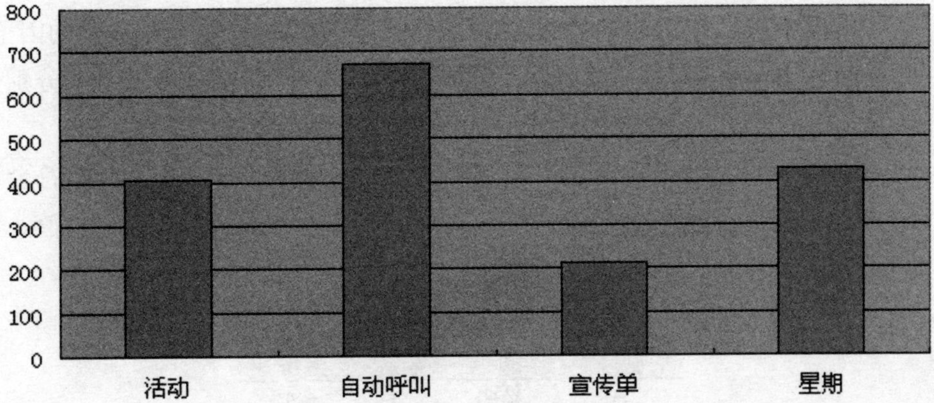

图 10.14 影响度

10.2 详细地测定促销效果

为了更正确地把握活动、自动呼叫及宣传单的促销效果，我们利用 L_8 正交表通过试验设计法来解析这些数据。将各促销措施作为因子，各促销政策的有、无作为各自的水平，如表 10.2 所示。

为了解析交互作用，如表 10.3 所示，往 L_8 正交表中分配交互作用的因子。在正交表的列 1，列 2 和列 4 中分配 A，B，C，列 3，列 5 和列 6 分别为 $A\times B$，$A\times C$，$B\times C$。其结果就是图 10.15 中的设计列表。

按照该设计列表获取数据。在这次零售店的来店客户数中，收集符合设计列表各行条件的数据。在某一期间，对符合各行条件的数据求平均值。汇总成如图 10.16 的数据表。

表 10.2　因子和水平

记号	因子	第1水平	第2水平
A	活动	有	无
B	自动呼叫	有	无
C	宣传单	有	无

表 10.3　给 L_8 正交表分配因子

No.	列1	列2	列3	列4	列5	列6	列7
1	1	1	1	1	1	1	1
2	1	1	1	2	2	2	2
3	1	2	2	1	1	2	2
4	1	2	2	2	2	1	1
5	2	1	2	1	2	1	2
6	2	1	2	2	1	2	1
7	2	2	1	1	2	2	1
8	2	2	1	2	1	1	2
成分	*a*	*b*	*ab*	*c*	*ac*	*bc*	*abc*
因子	A	B	$A\times B$	C	$A\times C$	$B\times C$	

No.	活动	自动呼叫	宣传单
1	有	有	有
2	有	有	无
3	有	无	有
4	有	无	无
5	无	有	有
6	无	有	无
7	无	无	有
8	无	无	无

图 10.15　设计列表

NO.	活动	自动呼叫	宣传单	来店客户数
1	有	有	有	1616
2	有	有	无	1313
3	有	无	有	660
4	有	无	无	600
5	无	有	有	804
6	无	有	无	784
7	无	无	有	504
8	无	无	无	421

图 10.16 获取数据

为了分析这些数据，我们求方差分析表。首先，如图 10.17 所示，从图 10.16 中将各因子组合成二元表。

用 Excel 数据分析 “方差分析：可重复双因素分析”对这些二元表进行分析，求得 3 个方差分析表，如图 10.18 所示。

从这些方差分析表中求出全部因子和交互作用的方差分析表，如图 10.19 所示。

	自动呼叫	
活动	有	无
有	1566	660
	1335	600
无	804	504
	784	421

	宣传单	
活动	有	无
有	1566	1335
	660	600
无	804	784
	504	421

	宣传单	
自动呼叫	有	无
有	1566	1335
	804	784
无	660	600
	504	421

图 10.17 二元表

方差分析

差异源	SS	df	MS	F	P-value	F crit
样本	339488	1	339488	42.27088	0.002887	7.708647
列	663552	1	663552	82.62126	0.000812	7.708647
交互	119560.5	1	119560.5	14.88691	0.018173	7.708647
内部	32125	4	8031.25			
总计	1154726	7				

方差分析

差异源	SS	df	MS	F	P-value	F crit
样本	339488	1	339488	1.715853	0.260391	7.708647
列	19404.5	1	19404.5	0.098075	0.769802	7.708647
交互	4418	1	4418	0.02233	0.888445	7.708647
内部	791415	4	197853.8			
总计	1154726	7				

方差分析

差异源	SS	df	MS	F	P-value	F crit
样本	663552	1	663552	5.643517	0.076353	7.708647
列	19404.5	1	19404.5	0.165035	0.705357	7.708647
交互	1458	1	1458	0.0124	0.916698	7.708647
内部	470311	4	117577.8			
总计	1154726	7				

图 10.18

分散分析表

差异源	SS	df	MS	F	P-value
活动	339488	1	339488	49.60012	0.089793587
自动呼叫	663552	1	663552	96.94675	0.064435751
宣传单	19404.5	1	19404.5	2.83505	0.341182687
活动×自动呼叫	119560.5	1	119560.5	17.46811	0.149509366
活动×宣传单	4418	1	4418	0.645482	0.569121666
自动呼叫×宣传单	1458	1	1458	0.213018	0.72472066
误差	6844.5	1	6844.5		
合计	1154726	7			

图 10.19　全部因子和交互作用的方差分析

通过绘制偏差平方和的饼状图，比较各因子、交互作用的影响大小。

从图 10.20 中可以看出，因子的主效果中自动呼叫、活动的影响大，宣传单的效果小。交互作用中活动 × 自动呼叫的影响最大。

为了弄清楚活动与自动呼叫的交互作用对来店客户数的影响，从图 10.17 活动、自动呼叫的二元表中，求出各条件的数据平均值，汇成表并描绘因子效果图。

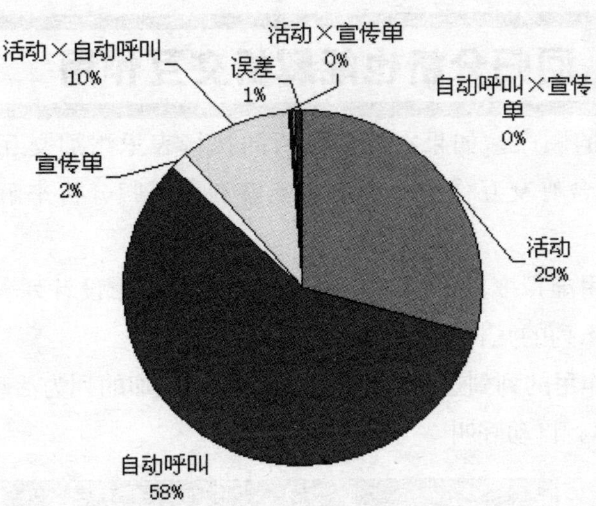

图 10.20 偏差平方和的饼状图

由图 10.21 可知，当有活动并且也有自动呼叫时，来店客户数最大，若同时实施活动及自动呼叫，来店客户数的增长将得到乘积效果。

	自动呼叫	
活动	有	无
有	1450.5	630
无	794	462.5

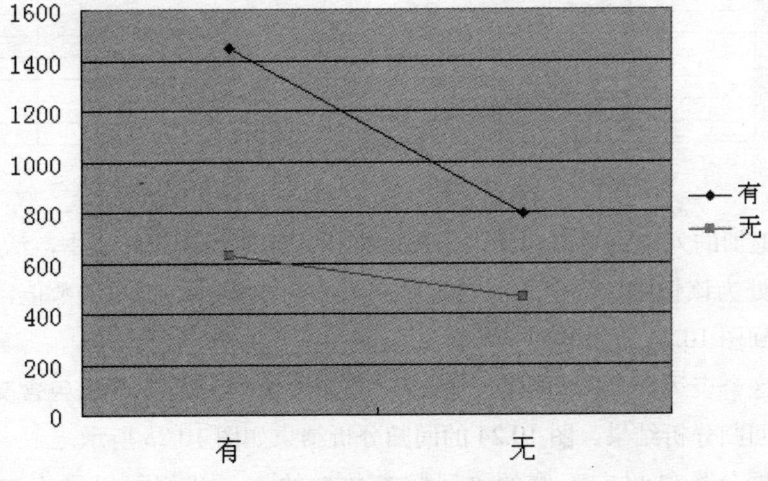

图 10.21 因子效果图

10.3　回归分析也能解析交互作用

按照下面的顺序，如果在回归分析的执行表里添加交互作用的列，即使因子设计中含有交互作用，我们也能够利用回归分析来解析，求出回归公式。

首先，利用虚拟变量 1，0 转换图 10.16 中的部分设计列表。置换后分别删除表中“无”列的冗长数据，如图 10.22 所示。

追加交互作用的列到这个表中（图 10.23）。追加的列为活动 × 自动呼叫、活动 × 宣传单、自动呼叫 × 宣传单。

No.	活动	自动呼叫	宣传单	来店客户数
1	1	1	1	1566
2	1	1	0	1335
3	1	0	1	660
4	1	0	0	600
5	0	1	1	804
6	0	1	0	784
7	0	0	1	504
8	0	0	0	421

图 10. 22　用虚拟变量置换并删除冗长数据列之后的表

No.	活动	自动呼叫	宣传单	活动×自动呼叫	活动×宣传单	自动呼叫×宣传单	来店客户数
1	1	1	1	1			1566
2	1	1	0				1335
3	1	0	1				660
4	1	0	0				600
5	0	1	1				804
6	0	1	0				784
7	0	0	1				504
8	0	0	0				421

图 10. 23　向图 10.22 中追加交互作用的列

在追加的列中，填入相应因子值的乘积。比如，在 No. 栏中，活动 × 自动呼叫处为该栏中活动值 1 与自动呼叫值 1 的乘积。这样填入数值，我们就可以得到图 10.24 所示的回归分析执行表。

对这个表运行 Excel 数据分析 的“回归”功能，可以得出包含交互作用在内的回归分析结果。图 10.24 的回归分析结果如图 10.25 所示。

根据分析结果左下侧的“回归参数”的值，我们可以求出来店客户数的回归方程。

通过这个回归方程我们可以预测含有交互作用的来店客户数。例如，实

No.	活动	自动呼叫	宣传单	活动×自动呼叫	活动×宣传单	自动呼叫×宣传单	来店客户数
1	1	1	1	1	1	1	1566
2	1	1	0	1	0	0	1335
3	1	0	1	0	1	0	660
4	1	0	0	0	0	0	600
5	0	1	1	0	0	1	804
6	0	1	0	0	0	0	784
7	0	0	1	0	0	0	504
8	0	0	0	0	0	0	421

图 10.24　回归分析执行表

SUMMARY OUTPUT

回归统计	
Multiple R	0.99703
R Square	0.99407
Adjusted R Square	0.95851
标准误差	82.7315
观测值	8

方差分析

	df	SS	MS	F	Significance F
回归分析	6	1147881	191313.5	27.95142	0.14378589
残差	1	6844.5	6844.5		
总计	7	1154726			

	Coefficien	标准误差	t Stat	P-value	Lower 95%	Upper 95%	下限 95.0%	上限 95.0%
Intercept	450.25	77.38823	5.818069	0.108362	-533.0606416	1433.561	-533.061	1433.561
活动	120.5	101.325	1.189243	0.445106	-1166.955842	1407.956	-1166.96	1407.956
自动呼叫	304.5	101.325	3.005182	0.204503	-982.955842	1591.956	-982.956	1591.956
宣传单	24.5	101.325	0.241796	0.848967	-1262.955842	1311.956	-1262.96	1311.956
活动×自动呼叫	489	117	4.179487	0.149509	-997.6259539	1975.626	-997.626	1975.626
活动×宣传单	94	117	0.803419	0.569122	-1392.625954	1580.626	-1392.63	1580.626
自动呼叫×宣传单	54	117	0.461538	0.724721	-1432.625954	1540.626	-1432.63	1540.626

图 10.25　回归分析结果

施所有促销措施时可以预测到如下的来店客户数。

$$
\text{来店客户数} = 450.25 + \begin{cases} 120.5(\text{有活动}) \\ 0.0(\text{无活动}) \end{cases} + \begin{cases} 304.5(\text{有自动呼叫}) \\ 0.0(\text{无自动呼叫}) \end{cases}
$$

$$
+ \begin{cases} 24.5(\text{有宣传单}) \\ 0.0(\text{无宣传单}) \end{cases}
$$

$$
+ \begin{cases} 489.0(\text{有活动和自动呼叫}) \\ 0.0(\text{其他}) \end{cases}
$$

$$
+ \begin{cases} 94.0(\text{有活动及宣传单}) \\ 0.0(\text{其他}) \end{cases}
$$

$$
+ \begin{cases} 54.0(\text{有自动呼叫及宣传单}) \\ 0.0(\text{其他}) \end{cases}
$$

$$
\text{来店客户数} = 450.25+120.5+304.5+24.5+489+94+54 = 1537\text{ 人}
$$

参考文献

1. 渕上美喜、上田太一郎、古谷都紀子『実践ワークショップ　Excel 徹底活用ビジネスデータ分析』、秀和システム

第11章 3因子设计的适用事例

本书使用因子设计，通过营业、策划及市场营销领域的试验调查及问卷等方式获取复数因子的相关数据，并提倡利用因子设计来解析已获得的数据：对已得到的数据进行统计分析，同时对因子设计的使用方法进行解说。

本书中因子设计的基本思考方法是使用统计学数据处理方法之中的“方差分析”，并运用了许多事例和具体数据对其分析原理进行了深入浅出的说明。

作为总结，本章利用3因子设计事例进行综合练习，希望通过复习能加深读者对方差分析的思考方法及因子设计的理解。

11.1　练习题

我们把某零售店某月商品的销售数量按陈列方法、促销活动、广告媒体的不同汇总成图 11.1。

		广告媒体		
陈列方法	促销活动	TV	报纸	周刊
POP陈列	有	52436	38900	30025
	无	60645	56413	39680
特别陈列	有	70052	51491	50238
	无	56530	66187	68140
普通陈列	有	44543	38638	35887
	无	38801	36398	35267

图 11.1　某零售店销售数量

如果按照下面的顺序对这些数据解析的话，请陈述结果。

① 制作因子的二元表。

② 描绘因子效果图，并观察因子和水平对销售数量的影响。

③ 不使用 Excel 数据分析，求出各因子及交互作用的偏差平方和。

④ 使用 Excel 数据分析求各因子及交互作用的偏差平方和，并确认是否与③一致。

⑤ 作方差分析表，并观察结果。

⑥ 作成设计列表，置换成虚拟变量后，按数量化理论 I 类利用 Excel 数据分析“回归”实施解析。但是，解析对象中不需要包含交互作用，只分析因子的主效果即可。

11.2 参考答案

① 制作各因子的二元表

图 11.1 中 3 因子的二元表为如图 11.2 ～图 11.4 所示的 3 个组合，分别为陈列方法和促销活动、陈列方法和广告媒体、促销活动和广告媒体。

	促销活动	
陈列方法	有	无
POP陈列	52436	60645
	38900	56413
	30025	39680
特别陈列	70052	56530
	51491	66187
	50238	68140
普通陈列	44543	38801
	38638	36398
	35887	35267

图 11.2 陈列方法和促销活动二元表

	广告媒体		
陈列方法	TV	报纸	周刊
POP陈列	52436	38900	30025
	60645	56413	39680
特别陈列	70052	51491	50238
	56530	66187	68140
普通陈列	44543	38638	35887
	38801	36398	35267

图 11.3 陈列方法和广告媒体二元表

	广告媒体		
促销活动	TV	报纸	周刊
有	52436	38900	30025
	70052	51491	50238
	44543	38638	35887
无	60645	56413	39680
	56530	66187	68140
	38801	36398	35267

图 11.4 促销活动和广告媒体二元表

② 描绘因子效果图

如图 11.5 所示，我们根据这些二元表描绘的因子效果图，能够看出因子之间的交互作用。首先，将图 11.2 ～图 11.4 的二元表中相同因子和水平的数据替换成其平均值（图 11.5 ～图 11.7）。

用 Excel 分别对这些表描绘折线图，从图 11.5 得到因子效果图如图 11.8 所示。

	促销活动	
陈列方法	有	无
POP陈列	40454	52246
特别陈列	57260	63619
普通陈列	39689	36822

图 11.5　取平均值之后陈列方法和促销活动的二元表

	广告媒体		
陈列方法	TV	报纸	周刊
POP陈列	56541	47657	34853
特别陈列	63291	58839	59189
普通陈列	41672	37518	35577

图 11.6　取平均值之后陈列方法和广告媒体的二元表

	广告媒体		
促销活动	TV	报纸	周刊
有	55677	43010	38717
无	51992	52999	47696

图 11.7　取平均值之后促销活动和广告媒体的二元表

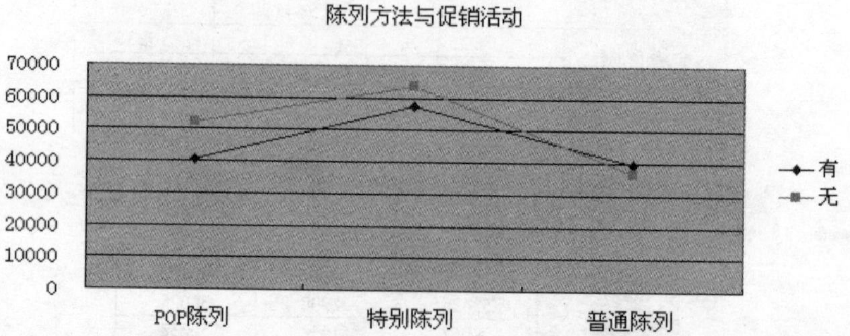

图 11.8　陈列方法和促销活动的因子效果图

从图 11.8 可以看出，按特别陈列、POP 陈列、普通陈列顺序销售数量依次减少。促销活动的有无与销售数量的多少似乎不能一概而论。虽然不能说陈列方法与促销活动没有交互作用，但交互作用不是很大。

根据图 11.6 绘制因子效果图，如图 11.9 所示。

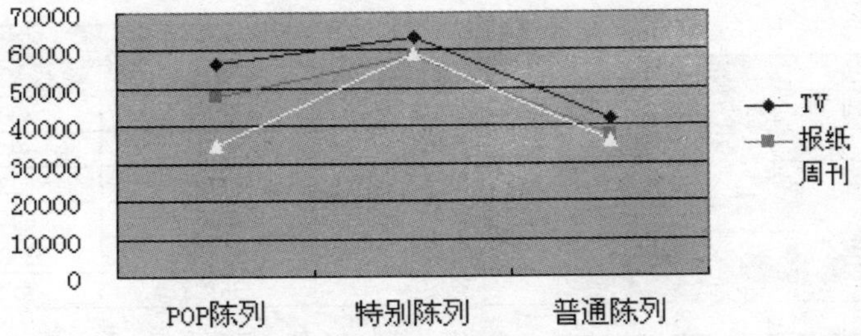

图 11.9 陈列方法和广告媒体的因子效果图

从图 11.9 可以看出，按 TV、报纸、周刊顺序销售数量逐渐增多。陈列方法和广告媒体之间似乎没什么交互作用。

根据图 11.7 绘制因子效果图如图 11.10 所示。

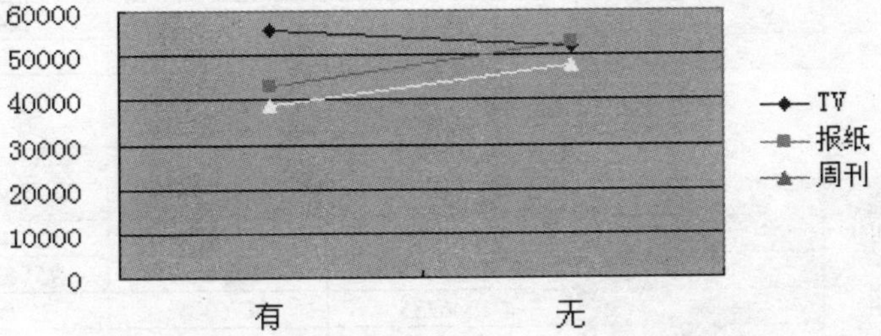

图 11.10 促销活动和广告媒体的因子效果图

从图 11.10 可以看出促销活动与广告媒体有交互作用。

③不使用 Excel 数据分析求各因子及交互作用的偏差平方和。

操作方法与第 6.4 节的顺序相同。先根据图 11.1 求出总平均值，并求出整体的偏差平方和（图 11.11）。

接下来，从图 11.5～图 11.7 中分别求出“因子与交互作用的偏差平方和”，如图 11.12～图 11.14 所示。

从图 11.2 和图 11.3 求因子的偏差平方和 (图 11.15）。

通过以上结果我们可以如下求出各因子及交互作用的偏差平方和。

		广告媒体		
陈列方法	促销活动	TV	报纸	周刊
POP陈列	有	52436	38900	30025
	无	60645	56413	39680
特别陈列	有	70052	51491	50238
	无	56530	66187	68140
普通陈列	有	44543	38638	35887
	无	38801	36398	35267

总平均	48348.4

所有数据与总平均的差

		广告媒体		
陈列方法	促销活动	TV	报纸	周刊
POP陈列	有	4088	-9448	-18323
	无	12297	8065	-8668
特别陈列	有	21704	3143	1890
	无	8182	17839	19792
普通陈列	有	-3805	-9710	-12461
	无	-9547	-11950	-13081

平方

		广告媒体		
陈列方法	促销活动	TV	报纸	周刊
POP陈列	有	16708565	89272053	335746580
	无	151206645	65037952	75140966
特别陈列	有	471046735	9876005	3570630
	无	66938760	318216046	391707870
普通陈列	有	14480985	94291652	155286213
	无	91152635	142811795	171122735

求和

整体偏差平方和	2663614822

图 11.11　整体的偏差平方和

陈列方法	促销活动 有	促销活动 无
POP陈列	40454	52246
特别陈列	57260	63619
普通陈列	39689	36822

⇩ 数据与总平均值之差

陈列方法	促销活动 有	促销活动 无
POP陈列	-7895	3898
特别陈列	8912	15271
普通陈列	-8659	-11526

⇩ 平方

陈列方法	促销活动 有	促销活动 无
POP陈列	62326639	15191372
特别陈列	79422754	233191564
普通陈列	74979243	132857641

⇩ 求和后乘以3

陈列方法与促销活动的偏差平方和	1793907638

图 11.12 陈列方法和促销活动因子与交互作用的偏差平方和

陈列方法	广告媒体 TV	广告媒体 报纸	广告媒体 周刊
POP陈列	56541	47657	34853
特别陈列	63291	58839	59189
普通陈列	41672	37518	35577

⇩ 数据与总平均的差

陈列方法	广告媒体 TV	广告媒体 报纸	广告媒体 周刊
POP陈列	8192	-692	-13496
特别陈列	14943	10491	10841
普通陈列	-6676	-10830	-12771

⇩ 平方

陈列方法	广告媒体 TV	广告媒体 报纸	广告媒体 周刊
POP陈列	67110684	478710	182139017
特别陈列	223281627	110052921	117518849
普通陈列	44574169	117297323	163108374

⇩ 求和后乘以2

陈列方法和广告媒体	2051123351

图 11.13 陈列方法和广告媒体因子与交互作用的偏差平方和

促销活动	广告媒体 TV	报纸	周刊
有	55677	43010	38717
无	51992	52999	47696

⇩ 数据与总平均之差

促销活动	广告媒体 TV	报纸	周刊
有	7329	-5339	-9632
无	3644	4651	-653

⇩ 平方

促销活动	广告媒体 TV	报纸	周刊
有	53708541	28501955	92770073
无	13275902	21631284	426046

⇩ 求和后乘以3

促销活动和广告媒体	630941404

图 11.14　促销活动和广告媒体因子与交互作用的偏差平方和

陈列方法	促销活动 有	无	各数据平均	与总平均之差	←平方
POP陈列	52436	60645	46350	-1999	3994224
	38900	56413			
	30025	39680			
特别陈列	70052	56530	60440	12091	146198998
	51491	66187			
	50238	68140			
普通陈列	44543	38801	38256	-10093	101863042
	38638	36398			
	35887	35267			
各数据平均	45801	50896			
与总平均之差	-2547	2547			
平方	6488624	6488624			

求和后乘以9 ⇩　　　　求和后乘以6 ⇩

促销活动的偏差平方和	116795233	**陈列方法的偏差平方和**	1512337587

陈列方法	广告媒体 TV	报纸	周刊
POP陈列	52436	38900	30025
	60645	56413	39680
特别陈列	70052	51491	50238
	56530	66187	68140
普通陈列	44543	38638	35887
	38801	36398	35267
各数据平均	53835	48005	43206
与总平均之差	5486	-344	-5142
←平方	30097415	118260	26442449

求和后乘以6 ⇩

广告媒体的偏差平方和	339948744

图 11.15　因子的偏差平方和

整体的偏差平方和＝ 2663614822

陈列方法与促销活动的偏差平方和＝ 1793907638

陈列方法与广告媒体的偏差平方和＝ 2051123351

促销活动与广告媒体的偏差平方和＝ 630941404

陈列方法的偏差平方和＝ 1512337587

促销活动的偏差平方和＝ 116795233

广告媒体的偏差平方和＝ 339948744

陈列方法与促销活动的交互作用的偏差平方和

＝陈列方法与促销活动的偏差平方和 − 陈列方法的偏差平方和

− “促销活动的偏差平方和”

＝ 1793907638-1512337587-116795233 ＝ 164774818

陈列方法与广告媒体的交互作用的偏差平方和

＝陈列方法与广告媒体的偏差平方和 − 陈列方法的偏差平方和

− 广告媒体的偏差平方和

＝ 2051123351- 1512337587-339948744 ＝ 198837020

促销活动与广告媒体的交互作用的偏差平方和

＝促销活动与广告宣传的偏差平方和 − 促销活动的偏差平方和

− 广告媒体的偏差平方和

＝ 630941404-116795233-339948744 ＝ 174197427

④使用 Excel 数据分析求各因子及交互作用的偏差平方和

用 Excel 数据分析“方差分析：可重复双因素分析”对图 11.2 ～图 11.4 进行分析，得到的方差分析表中有各因子及交互作用的偏差平方和。

从图 11.12 可得以下方差分析表（为了便于理解，我们更改了差异源名称，图 11.16）。

方差分析

差异源	SS	df	MS	F	P-value	F crit
陈列方法	1512337587	2	756168793.4	10.43342597	0.002368857	3.885293835
促销活动	116795233.4	1	116795233.4	1.611511123	0.22834695	4.747225336
交互作用	164774818.1	2	82387409.06	1.136760656	0.353102433	3.885293835
重复误差	869707184	12	72475598.67			
总计	2663614822	17				

图 11.16　图 11.2 的方差分析表

分别作图 11.3，图 11.4 的方差分析表，如图 11.17、图 11.18 所示。

方差分析

差异源	SS	df	MS	F	P-value	F crit
陈列方法	1512337587	2	756168793.4	11.11120637	0.003707	4.256495
广告媒体	339948744.4	2	169974372.2	2.497617389	0.137145	4.256495
交互作用	198837019.6	4	49709254.89	0.730431875	0.593433	3.633089
重复误差	612491471.5	9	68054607.94			
总计	2663614822	17				

图 11.17　图 11.3 的方差分析表

方差分析

差异源	SS	df	MS	F	P-value	F crit
促销活动	116795233.4	1	116795233.4	0.689507123	0.422545	4.747225
广告媒体	339948744.4	2	169974372.2	1.003453112	0.395398	3.885294
交互作用	174197425.8	2	87098712.89	0.514192071	0.610582	3.885294
重复误差	2032673419	12	169389451.6			
总计	2663614822	17				

图 11.18　图 11.4 的方差分析表

⑤ 作方差分析表。

根据图 11.16～图 11.18，如下作出方差分析表。

· 挑出所有因子及交互作用的偏差平方和、自由度、方差及总计的偏差平方和、自由度，将总计的偏差平方和减去所有因子及交互作用的偏差平方和就是误差的偏差平方和。

· 将整体的自由度减去所有因子及交互作用的自由度就是误差的自由度。

· 误差的偏差平方和除以自由度为误差的方差。

· 所有因子与交互作用的方差除以误差的方差为方差比。

· 利用 Excel 的 FDIST 函数，根据所有因子与交互作用的方差比、自由度、误差自由度求出 P 值。

求得方差分析表如图 11.19 所示。

由于陈列方法、广告媒体的 P 值低于 15%，可以判断其对销售数量有着明显的影响，其他因子和交互作用基本上没什么影响。其中促销活动交互作用的 P 值也不是很大，故可以认为其多少有些影响。因此为了提升及预测销售数量，除了在陈列方法、广告媒体之外，还可以在促销活动方面下工夫。

方差分析

差异源	SS	df	MS	F	P-value
陈列方法	1,512,337,587	2	756168793.4	19.29937524	0.008817
促销活动	116,795,233	1	116795233.4	2.980915181	0.159327
广告媒体	339,948,744	2	169974372.2	4.338183775	0.09957
陈列方法×促销活动	164,774,818	2	82387409.06	2.102738881	0.237636
陈列方法×广告	198,837,020	4	49709254.89	1.268708219	0.411585
促销活动×广告	174,197,426	2	87098712.89	2.222983489	0.224296
误差	156,723,994	4	39180998.56		
总计	2,663,614,822	17			

图 11.19　方差分析表

⑥ 按数量化理论 I 类用 Excel 数据分析“回归”实施解析

在进行回归分析前，我们先把图 11.1 换成设计列表的形式（图 11.20）。然后如图 11.21 所示，将该表转换成虚拟变量 1，0。在这个表中对每个因子删除一个冗长的列。此外删除普通陈列、无促销活动、周刊的列，做成回归分析的执行表（图 11.22）。按照图 11.23 实施回归分析，得到图 11.24 的回归分析结果。

No.	陈列方法	促销活动	广告媒体	销售数量
1	POP陈列	有	TV	52436
2	POP陈列	有	报纸	38900
3	POP陈列	有	周刊	30025
4	POP陈列	无	TV	60645
5	POP陈列	无	报纸	56413
6	POP陈列	无	周刊	39680
7	特别陈列	有	TV	70052
8	特别陈列	有	报纸	51491
9	特别陈列	有	周刊	50238
10	特别陈列	无	TV	56530
11	特别陈列	无	报纸	66187
12	特别陈列	无	周刊	68140
13	平常陈列	有	TV	44543
14	平常陈列	有	报纸	38638
15	平常陈列	有	周刊	35887
16	平常陈列	无	TV	38801
17	平常陈列	无	报纸	36398
18	平常陈列	无	周刊	35267

图 11.20　将图 11.1 换成设计列表的形式

No.	POP陈列	特别陈列	普通陈列	有促销活动	无促销活动	TV	报纸	周刊	销售数量
1	1	0	0	1	0	1	0	0	52436
2	1	0	0	1	0	0	1	0	38900
3	1	0	0	1	0	0	0	1	30025
4	1	0	0	0	1	1	0	0	60645
5	1	0	0	0	1	0	1	0	56413
6	1	0	0	0	1	0	0	1	39680
7	0	1	0	1	0	1	0	0	70052
8	0	1	0	1	0	0	1	0	51491
9	0	1	0	1	0	0	0	1	50238
10	0	1	0	0	1	1	0	0	56530
11	0	1	0	0	1	0	1	0	66187
12	0	1	0	0	1	0	0	1	68140
13	0	0	1	1	0	1	0	0	44543
14	0	0	1	1	0	0	1	0	38638
15	0	0	1	1	0	0	0	1	35887
16	0	0	1	0	1	1	0	0	38801
17	0	0	1	0	1	0	1	0	36398
18	0	0	1	0	1	0	0	1	35267

图 11.21　转换成虚拟变量

No.	POP陈列	特别陈列	有促销活动	TV	报纸	销售数量
1	1	0	1	1	0	52436
2	1	0	1	0	1	38900
3	1	0	1	0	0	30025
4	1	0	0	1	0	60645
5	1	0	0	0	1	56413
6	1	0	0	0	0	39680
7	0	1	1	1	0	70052
8	0	1	1	0	1	51491
9	0	1	1	0	0	50238
10	0	1	0	1	0	56530
11	0	1	0	0	1	66187
12	0	1	0	0	0	68140
13	0	0	1	1	0	44543
14	0	0	1	0	1	38638
15	0	0	1	0	0	35887
16	0	0	0	1	0	38801
17	0	0	0	0	1	36398
18	0	0	0	0	0	35267

图 11.22　回归分析的执行表

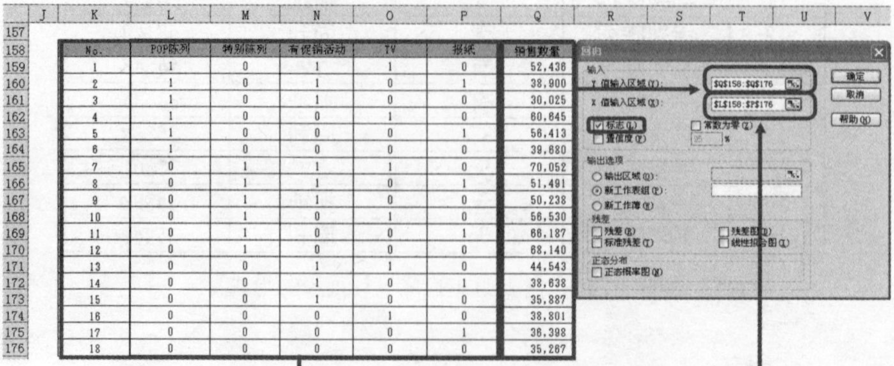

图 11.23　执行回归分析

根据回归分析的结果，我们可求出销售数量的回归方程。

$$
\text{销售数量} = 35660.7 + \overset{\text{陈列方法}}{\begin{cases} 8094.2\ (\text{POP 陈列}) \\ \underline{22184.0\ (\text{特别陈列})} \\ 0.0\ (\text{普通陈列}) \end{cases}} + \overset{\text{促销活动}}{\begin{cases} -5094.6\ (\text{有促销活动}) \\ \underline{0.0\ (\text{无促销活动})} \end{cases}}
$$

$$
+ \overset{\text{广告媒体}}{\begin{cases} \underline{10628.3\ (\text{TV})} \\ 4798.3\ (\text{报纸}) \\ 0.0\ (\text{周刊}) \end{cases}}
$$

SUMMARY OUTPUT

回归统计	
Multiple	0.859797
R Square	0.739252
Adjusted	0.630606
标准误差	7607.744
观测值	18

方差分析

	df	SS	MS	F	Significance F
回归分析	5	1969081565	393816312.9	6.804276	0.003155347
残差	12	694533257.7	57877771.47		
总计	17	2663614822			

	Coefficien	标准误差	t Stat	P-value	Lower 95%	Upper 95%	下限 95.0%	上限 95.0%
Intercept	35660.72	4392.333149	8.118856429	3.23E-06	26090.65042	45230.79	26090.65	45230.79
POP陈列	8094.167	4392.333149	1.84279434	0.090189	-1475.905139	17664.24	-1475.91	17664.24
特别陈列	22184	4392.333149	5.050618714	0.000284	12613.92819	31754.07	12613.93	31754.07
有促销活	-5094.56	3586.324998	-1.42055044	0.180906	-12908.48646	2719.375	-12908.5	2719.375
TV	10628.33	4392.333149	2.41974663	0.032332	1058.261527	20198.41	1058.262	20198.41
报纸	4798.333	4392.333149	1.092433832	0.296089	-4771.738473	14368.41	-4771.74	14368.41

图 11.24　回归分析结果

该回归方程中各水平系数的大小，与图 11.8 ～图 11.10 的因子效果图的趋势相同。根据图 11.24 求各因子的影响度，如图 11.25 所示。

因子影响度的大小与图 11.19 方差分析表的 *P* 值大小相同。

根据前面的回归方程，销售数量最多时的条件是特别陈列、无促销活动和 TV，此时的销售数量可预测如下：

$$\text{销售数量} = 35660.7 + 22184 + 0 + 10628.3 = 68473\ (\text{个})$$

到这里，我们知道了在营业、策划、市场营销领域中也可以运用方差分析和因子设计。希望对大家能有所帮助。

因子	影响度
陈列方法	22184.0
促销活动	5094.6
广告媒体	10628.3

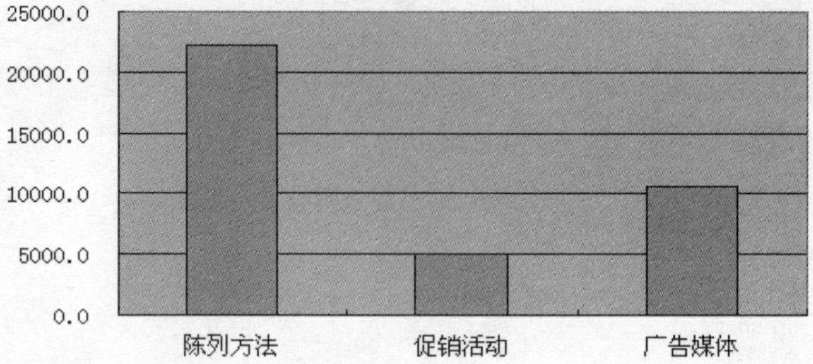

图 11.25　影响度

第12章 配对比较法

本书的目的是希望读者能把因子设计和试验设计法当做重要的方法并灵活运用到店铺实验及问卷调查中。除此之外，本书还特别想介绍另一种方法，该方法也能运用到营业、策划、市场营销等调查领域。

该方法就是本章要介绍的配对比较法。

配对比较法的特殊之处在于在问卷调查中能尽量减轻回答者负担的同时能得出有效的结果。虽然其问卷项目很简单，但可以得出整体的评价。

虽然这种方法并不是因子设计，但对其结果的解析可以使用到统计学方法（本章将使用回归分析）。当然，我们可以利用 Excel 的数据分析简单地完成解析。

12.1　什么是配对比较法

比较两个事物判断其优劣、其重要性，这就是配对比较法。配对比较法通过综合每一组的比较结果，给若干个事物排序，且它并不考虑所有对象的顺序，而是将每两个对象组成一对，判断各组中哪个好，从而决定整体的顺序。

具体看实例比纯粹用语言说明更容易理解。下面我们将举实例来介绍配对比较法。

12.2　配对比较法的实例

站在使用者的立场，调查店铺设计的通用设计原则中哪个项目的重要度高。通用设计原则是表 12.1 的 7 个项目，设计配对比较法调查问卷的目的是量化 1，2，3，7 这 4 个项目的重要度。

表 12.1　通用设计原则

No.	原则
1	谁都可以使用：这种设计对任何使用者都不会造成伤害或使其受窘。
2	使用方面具有灵活性：这种设计涵盖了广泛的个人喜好及能力。
3	使用方法简单：不论使用者的经验、知识、语言能力或集中力如何，这种设计的使用都很容易了解。
4	明显的资讯：不论周围状况或使用着感官能力如何，这种设计有效地对使用者传达了必要的资讯。
5	容许错误：这种设计将危险及因意外或不经意的动作所导致的不利后果降至最低。
6	省力：这种设计可以有效、舒适及不费力地使用。
7	足够大且方便进入：不论使用者体型、姿势或移动性如何，这种设计提供了适当的大小及空间供操作及使用。

注：通用设计就是所有人都能够使用的设计，与年龄、有无身体障碍无关，让尽可能多的人都可以使用。通用设计七原则由罗纳德•麦斯等人定义。

从这 4 个项目中选出 2 个项目进行组合（共 6 个组合），并判断这些组合中哪个重要度高。为了更细致地判断重要度，调查问卷不应只停留在哪个更重要这样取舍式的提问上，而应该对重视程度进行调查（图 12.1）。

请帮忙做份问卷调查。

假设在购物时需要考虑以下4点。

- 谁都可以使用
- 使用方面具有灵活性
- 使用方法简单且直观
- 足够大且方便进入

对这4点如下 1～6 进行组合进行比较·评价。
分别比较“原则A”和“原则B”具有怎样的重要程度，在回答栏中填○。

No	原则 A	（原则A）					（原则B）				原则 B
		很重要	比较重要	重要	稍微重要	相同	稍微重要	重要	比较重要	很重要	
1	谁都可以使用										使用方面具有灵活性
2	谁都可以使用										使用方法简单
3	谁都可以使用										足够大且方便进入
4	使用方面具有灵活性										使用方法简单
5	使用方面具有灵活性										足够大且方便进入
6	使用方法简单										足够大且方便进入

图 12.1　调查问卷

基于该调查问卷展开问卷调查，从回收的 169 件问卷中，统计各栏中所填写○的总计数（图 12.2）。

根据这个结果，分别求谁都可以使用、使用方面具有灵活性、使用方法简单及足够大且方便进入的重要度数值，这就是本次解析的目的。

本次调查中，面对本页问卷左方向为正，重要度各栏中对应的系数设置如表 12.2 所示。

我们使用该重量系数，计算图 12.3 中 No.1 ～ No.6 各结果的重量值。

比如，对于 No.1 重量值，我们把图 12.3 左方极其重要的统计数字 10 乘以对应的系数 9，其他按比较重要、重要和稍微重要……的顺序分别乘以相应的重量系数，并按下面的公式求各乘积之和。

No	原则A	很重要	比较重要	重要	稍微重要	相同	稍微重要	重要	比较重要	很重要	原则B	重量值
1	谁都可以使用	10	11	10	13	41	39	22	12	11	使用方面具有灵活性	-154
2	谁都可以使用	9	3	1	12	52	28	12	21	31	使用方法简单	-427
3	谁都可以使用	12	2	1	9	32	12	38	52	11	足够大且方便进入	-535
4	使用方面具有灵活性	1	21	4	31	30	1	77	3	1	使用方法简单	-149
5	使用方面具有灵活性	2	21	12	2	28	11	71	20	2	足够大且方便进入	-315
6	使用方法简单	20	22	12	10	10	41	11	42	1	足够大且方便进入	-57

图 12. 2　统计问卷结果

表 12.2　重量系数

重要度回答栏	很重要	比较重要	重要	稍微重要	相同	稍微重要	重要	比较重要	很重要
重量系数	9	7	5	3	0	-3	-5	-7	-9

如图 12.3 所示，这个公式可以通过 Excel 中的 SUMPRODUCT 函数简单实现。

A	B	C	D	E	F	G	H	I	J	K	L	M	N	O
	No	原则A	很重要	比较重要	重要	稍微重要	相同	稍微重要	重要	比较重要	很重要	原则B		重量值
	1	谁都可以使用	10	11	10	13	41	39	22	12	11	使用方面具有灵活性		-154
	2	谁都可以使用	9	3	1	12	52	28	12	21	31	使用方法简单		
	3	谁都可以使用	12	2	1	9	32	12	38	52	11	足够大且方便进入		
	4	使用方面具有灵活性	1	21	4	31	30	1	77	3	1	使用方法简单		
	5	使用方面具有灵活性	2	21	12	2	28	11	71	20	2	足够大且方便进入		
	6	使用方法简单	20	22	12	10	10	41	11	42	1	足够大且方便进入		
		重要度回答栏	很重要	比较重要	重要	稍微重要	相同	稍微重要	重要	比较重要	很重要			
		重要度系数	9	7	5	3	0	-3	-5	-7	-9			

在 No.1 的重量值单元格中输入公式“=SUMPRODUCT(D50:L50,D40:L40)”，如图计算后的值为 -154。

图 12. 3　利用 SUMPRODUCT 函数求出重量值

No.1 的重量值

=10×9+11×7+10×5+13×3+41×0+39×（−3）+22×（−5）

+12×（−7）+11×（−9）

=−154

同样我们可求 No.2 ～ No.6 的重量值（图 12.4）。

我们可以认为这个重量值是指原则 A 相对于原则 B 的重要程度。重量值越大，就表示原则 A 的重要度比原则 B 更高（重量值中 A,B 的重要度由表 12.2 中设定的重量系数决定。如果表 12.2 中正方向为右而非左，那就相反，说明原则 B 相对于原则 A 的重要程度）。

No	原则A	原则B	重量值
1	谁都可以使用	使用方面具有灵活性	-154
2	谁都可以使用	使用方法简单	-427
3	谁都可以使用	足够大且方便进入	-535
4	使用方面具有灵活性	使用方法简单	-149
5	使用方面具有灵活性	足够大且方便进入	-315
6	使用方法简单	足够大且方便进入	-57

图 12.4 求出重量评估结果

接下来，如图 12.5 所示将原则 A 与原则 B 的项目用 1 和 -1 数字来替换，如此一来，就具备了分析谁都可以使用、使用方面具有灵活性、使用方法简单、足够大且方便进入这 4 个项目重要度的数据条件。

No	原则A	原则B	谁都可以使用	使用方面具有灵活性	使用方法简单	足够大且方便进入	重量值
1	谁都可以使用	使用方面具有灵活性	1	1	0	0	-154
2	谁都可以使用	使用方法简单	1	0	1	0	-427
3	谁都可以使用	足够大且方便进入	1	0	0	1	-535
4	使用方面具有灵活性	使用方法简单	0	1	1	0	-149
5	使用方面具有灵活性	足够大且方便进入	0	1	0	1	-315
6	使用方法简单	足够大且方便进入	0	0	1	1	-57

图 12.5 把原则 A，B 的项目数字化

①把判断重要度的 4 个项目当作标题追加到图 12.4 中。

②各原则 A 的项目栏中填写 1。

③各原则 B 的项目栏填写 -1。

④原则 A，B 中都没有的项目栏中填写 0。

对于配对比较法，我们在图 12.6 的基础上用回归分析进行解析。但是，我们可以看出，图 12.6 中数据呈冗长的状态。任何一个项目即使少一列，数据也不会欠缺。

NO.	谁都可以使用	使用方面具有灵活性	使用方法简单	足够大且方便进入	重量值
1	1	1	0	0	-154
2	1	0	1	0	-427
3	1	0	0	1	-535
4	0	1	1	0	-149
5	0	1	0	1	-315
6	0	0	1	1	-57

图 12.6 项目与重量值的对应表

因此在执行回归分析前，我们必须先删除其中任何一列，消除数据的冗长状态。在这里，我们删除谁都可以使用这一列，做成图 12.7 所示的回归分析执行表。

对该表运行 Excel 数据分析“回归”，回归分析结果如图 12.8 所示。

No	谁都可以使用	使用方法简单	足够大且方便进入	重量值
1	1	0	0	-154
2	1	1	0	-427
3	1	0	1	-535
4	0	1	0	-149
5	0	0	1	-315
6	0	1	1	-57

图 12.7　回归分析的执行表

SUMMARY OUTPUT

回归统计	
Multiple R	0.99736246
R Square	0.994731877
Adjusted R Square	0.986829693
标准误差	21.18076958
观测值	6

方差分析

	df	SS	MS	F	Significance F
回归分析	3	169419.5833	56473.19444	125.8806229	0.007891768
残差	2	897.25	448.625		
总计	5	170316.8333			

	Coefficients	标准误差	t Stat	P-value	Lower 95%	Upper 95%	下限 95.0%	上限 95.0%
Intercept	87.5	21.18076958	4.131105797	0.053902003	-3.633496047	178.633496	-3.633496047	178.633496
谁都可以使用	245.25	18.34308453	13.37016136	0.005547548	166.3260773	324.1739227	166.3260773	324.1739227
使用方法简单	496.25	25.94103892	19.12992003	0.002721435	384.6347181	607.8652819	384.6347181	607.8652819
足够大且方便进入	637	35.12433273	18.13557584	0.003026649	485.8721939	788.1278061	485.8721939	788.1278061

图 12.8　回归分析的结果

根据这个结果，我们可求出重量值的回归方程如下所示。

$$\text{评估值} = 87.50 + \begin{cases} 0.00\text{（谁都可以使用）} \\ 245.25\text{（使用方面具有灵活性）} \\ 496.25\text{（使用方法简单）} \\ 637.00\text{（足够大且方便进入）} \end{cases}$$

该回归方程式中，各原则所对应的回归参数表示对重量值的影响，也就是说回归参数越大重要度越高。

根据该结果，可知店铺设计中通用设计的 4 原则的重要度如下。

足够大且方便进入＞使用方法简单

＞使用方面具有灵活性

＞谁都可以使用

用图比较重要度时，可以使用选择各原则时的预测值。根据上面的回归方程，预测各原则的重量值如图 12.9 所示。

如图 12.10，用饼状图表示，各原则的重要度一目了然。

项目	重量值
谁都可以使用	87.5
使用方面具有灵活性	332.75
使用方法简单	583.75
足够大且方便进入	724.5

图 12.9　预测各原则的重量值

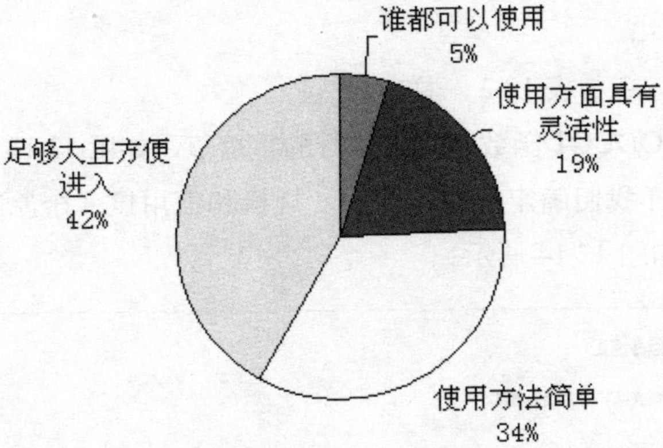

图 12.10　各原则重量值的比较

12.3 练习题

用同一事例练习配对比较法。

为了调查问卷调查中哪些因子被重视，我们列举出了各原则，并利用配对比较法设计调查问卷（这是一个为了调查有效问卷而设计的特殊问卷，展开问卷调查并收集回答）。

实施问卷调查时的重要项目有 4 个：费用、期间、规模和信用度。

与图 12.1 一样我们做成调查问卷（图 12.11），并实施问卷调查，搜集调查结果，如图 12.12。

重量系数表 12.3 与表 12.2 一样。

使用 SUMPRODUCT 函数，算出各行的重量值，如图 12.13 所示。

与图 12.7 一样我们确定费用、期间、规模和信用度 4 个原则与项目 A，B 的对应关系，如图 12.14 所示。

请帮忙做份问卷调查

假设问卷调查时有以下4个重要的项目。

- 费用
- 期间
- 规模
- 信用度

组合这些项目，请比较并评价下面 1～6 个组合。

比较"项目 A"和"项目 B"哪个更重要及其重要程度，并在回答栏中填○

No	项目 A	（项目A）							（项目B）		项目B
		极其重要	比较重要	重要	稍微重要	同程度	稍微重要	重要	比较重要	极其重要	
1	费用										期间
2	费用										规模
3	费用										信用度
4	期间										规模
5	期间										信用度
6	规模										信用度

图 12.11 调查问卷表

No	项目A	极其重要	比较重要	重要	稍微重要	相同程度	稍微	重要	比较重要	极其重要	项目B
1	费用	0	0	3	1	1	1	1	1	0	期间
2	费用	0	1	3	1	2	0	1	0	0	规模
3	费用	0	0	0	1	1	2	2	1	1	信用度
4	期间	0	2	1	2	1	1	1	0	0	规模
5	期间	0	0	0	0	1	5	1	1	0	信用度
6	规模	0	0	0	1	0	1	3	2	1	信用度

图 12.12　调查结果统计

表 12.3　重要度系数（同表 12.2）

重要度回答度	极其重要	比较重要	重要	稍微重要	相同程度	稍微重要	重要	比较重要	极其重要
重量系数	9	7	5	3	0	-3	-5	-7	-9

我们将表中的冗长列“规模”删除后做成回归分析的执行表，如图 12.15 所示。

用 Excel 数据分析“回归”对表进行解析，得到回归分析结果如图 12.16 所示。

No	项目A	项目B	重量值
1	费用	期间	3
2	费用	规模	20
3	费用	信用度	−29
4	期间	规模	17
5	期间	信用度	−27
6	规模	信用度	−38

图 12.13　评估值

No.	费用	期间	规模	信用度	重量值
1	1	-1	0	0	3
2	1	0	-1	0	20
3	1	0	0	-1	-29
4	0	1	-1	0	17
5	0	1	0	-1	-27
6	0	0	1	-1	-38

图 12.14　项目组合的数值化

No.	费用	期间	信用度	重量值
1	1	-1	0	3
2	1	0	0	20
3	1	0	-1	-29
4	0	1	0	17
5	0	1	-1	-27
6	0	0	-1	-38

图 12.15 回归分析执行表

SUMMARY OUTPUT

回归统计	
Multiple	0.997634
R Square	0.995273
Adjusted	0.988182
标准误差	2.76134
观测值	6

方差分析

	df	SS	MS	F	Significance F
回归分析	3	3210.75	1070.25	140.3607	0.007082438
残差	2	15.25	7.625		
总计	5	3226			

	Coefficien	标准误差	t Stat	P-value	Lower 95%	Upper 95%	下限 95.0%	上限 95.0%
Intercept	5.5	2.76134	1.991786	0.184626	-6.381088182	17.38109	-6.38109	17.38109
费用	11.75	3.381937	3.47434	0.07379	-2.801301818	26.3013	-2.8013	26.3013
期间	12.75	2.391391	5.331625	0.033425	2.460675809	23.03932	2.460676	23.03932
信用度	45	2.391391	18.8175	0.002812	34.71067581	55.28932	34.71068	55.28932

图 12.16 回归分析结果

我们根据该结果，求出重量值的回归方程。

$$评估值 = 5.50 + \begin{cases} 0.00\ （规模） \\ 11.25\ （费用） \\ 12.75\ （期间） \\ \underline{45.00\ （信用度）} \end{cases}$$

根据各项目回归系数的大小，实施调查问卷时重要项目的顺序如下。

信用度＞期间＞费用＞规模

然后我们按各项目的重量值绘制饼状图，如图 12.17 所示。

像这样利用配对比较法，可由简单的调查项目求出整体的排列顺序。配对比较法的好处在于，调查项目是简单的提问，对被调查者的负担较小。因此使用方便。

项目	重量值
规模	5.5
费用	17.25
期间	18.25
信用度	50.5

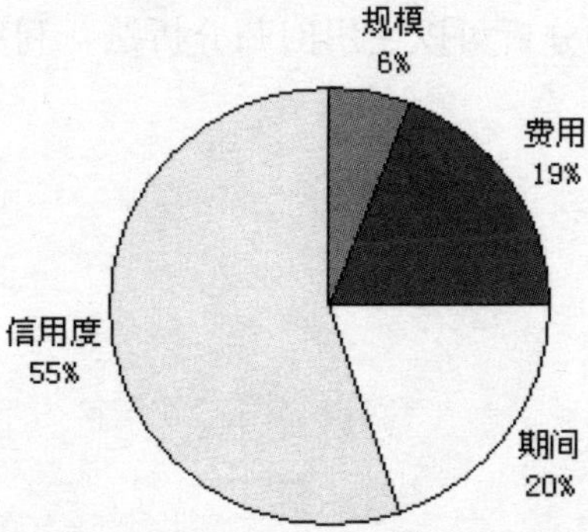

图 12.17　比较各项目的重量值

总 结

- 所谓配对比较法，是指从复数的对象中选取两个（一对）进行比较（单对比较），根据所得的结果，对若干个对象进行排序的方法。
- 问卷项目简单，不会给被调查者造成负担。
- 配对比较法结果的分析可以使用回归分析法。利用 Excel 数据分析回归就可以简单实现。

参考文献

1. 渕上美喜、上田太一郎、古谷都紀子著 『実践ワークショップ Excel 徹底活用ビジネスデータ分析』、秀和システム

附　录

在本章我们将讲解方差分析表的作法并介绍利用Excel来挑战问题的实例。试验设计法程序（①轻轻松松分配表格（らくらく割付シート）；②anoval17可以免费下载使用。

A.1 方差分析表的作法

本章将说明一般方差分析表的作法。在解答 A.2 的练习题时能够派上用场。

A.1.1 单因子方差分析时偏差平方和分解的证明

首先我们来证明单因子方差分析时偏差平方和的分解。

公式

总平方和（S_T）= 因子 A 的偏差平方和（S_A）
+ 误差的偏差平方和（S_e）

数据如表 A.1。

表 A.1 数据

水平	A_1	A_2	…	A_i	…	A_a
重复	x_{11}	x_{21}	…	x_{i1}	…	x_{a1}
	x_{12}	x_{22}	…	x_{i2}	…	x_{a2}
	⋮	⋮	⋮	⋮	⋮	⋮
	x_{1n}	x_{2n}	…	x_{in}	…	x_{an}
和	$x_{1\cdot}$	$x_{2\cdot}$	…	$x_{i\cdot}$	…	$x_{a\cdot}$
平均	$\bar{x}_1$	$\bar{x}_2$	…	$\bar{x}_i$	…	$\bar{x}_a$

那么

$$x_{i.} = \sum_{j=1}^{n} x_{ij} = \text{水平 } A_i \text{ 的数据和}$$

$$\bar{x}_{i.} = \frac{1}{n} x_{i.} = \frac{1}{n}\sum_{j=1}^{n} x_{ij} = \text{水平 } A_i \text{ 的数据平均值}$$

$$x_{..} = \sum_{i=1}^{a}\sum_{j=1}^{n} x_{ij} = \text{所有数据的和}$$

$$\bar{x}_{..} = \frac{1}{an} x_{..} = \frac{1}{an}\sum_{i=1}^{a}\sum_{j=1}^{n} x_{ij} = \text{所有数据的平均值}$$

下脚标有“ · ”的话就表示该处的角标已求和。

变量 x 上的“ ¯ ”表示平均值。

由于因子不同，数据会出现差异。将所有数据的偏差按因子类别分解，可实现总偏差平方和的分解。

$$\sum_{i=1}^{a}\sum_{j=1}^{n}(x_{ij}-\bar{x}_{..})^2 \rightarrow \text{总偏差平方和} S_{\mathrm{T}}$$

因子为$A(A_1, A_2, \cdots, A_9)$: 水平数

我们接下来证明

$$\underbrace{\sum_{i=1}^{a}\sum_{j=1}^{n}(x_{ij}-\bar{x}_{..})^2}_{\text{总偏差平方和（}S_{\mathrm{T}}\text{）}} = \underbrace{n\sum_{i=1}^{a}(\bar{x}_{i.}-\bar{x}_{..})^2}_{A\text{ 的偏差平方和（}S_{\mathrm{A}}\text{）}} + \underbrace{\sum_{i=1}^{a}\sum_{j=1}^{n}(x_{ij}-\bar{x}_{i.})^2}_{\text{误差的偏差平方和（}S_{\mathrm{e}}\text{）}}$$

证明

由于

$$x_{ij}-\bar{x}_{..}=(\bar{x}_{i.}-\bar{x}_{..})+(x_{ij}-\bar{x}_{i.})$$

故两边平方之后变成

$$(x_{ij}-\bar{x}_{..})^2=(\bar{x}_{i.}-\bar{x}_{..})^2+(x_{ij}-\bar{x}_{i.})^2+2(\bar{x}_{i.}-\bar{x}_{..})(x_{ij}-\bar{x}_{i.})$$

两边的 i, j 的和为

$$\sum_{i=1}^{a}\sum_{j=1}^{n}$$

因此，左边

$$\text{左边}=\sum_{i=1}^{a}\sum_{j=1}^{n}(x_{ij}-\bar{x}_{..})^2=S_{\mathrm{T}}$$

右边的第 1 项为

$$\sum_{i=1}^{a}\sum_{j=1}^{n}(\bar{x}_{i.}-\bar{x}_{..})^2=n\sum_{i=1}^{a}(\bar{x}_{i.}-\bar{x}_{..})^2=S_{\mathrm{A}}$$

右边的第 2 项为

$$\sum_{i=1}^{a}\sum_{j=1}^{n}(x_{ij}-\bar{x}_{i.})^2=S_{\mathrm{e}}$$

右边的第 3 项为

$$2\sum_{i=1}^{a}\sum_{j=1}^{n}(\bar{x}_{i.}-\bar{x}_{..})(x_{ij}-\bar{x}_{i.})=2\sum_{i=1}^{a}(\bar{x}_{i.}-\bar{x}_{..})\sum_{j=1}^{n}(x_{ij}-\bar{x}_{i.})$$

$$=2\sum_{i=1}^{a}(\bar{x}_{i.}-\bar{x}_{..})\underbrace{\left(\sum_{j=1}^{n}x_{ij}-n\bar{x}_{i.}\right)}_{=0}=0$$

至此单因子方差分析已证明完毕。双因子分析和 3 因子分析的证明同理。下面我们将说明求方差分析表的顺序。

A.1.2 单因子时的方差分析表

公式

$$S_T=S_A+S_e$$

式中，A:a 水平，n: 重复数。

$$S_T = 各数据的平方和 - CT$$

$$CT（修正项）= \frac{（数据和）^2}{数据个数}$$

$$S_A = \frac{（A_1 水平的数据和）^2}{A_1 水平的数据个数} + \frac{（A_2 水平的数据和）^2}{A_2 水平的数据个数} + \cdots - \frac{（A_a 水平的数据和）^2}{A_a 水平的数据个数} - CT$$

用减法求出 S_e

$$S_e = A_T - S_A$$

因此方差分析表如表 A.2 所示。

表 A.2 方差分析表

差异源	SS	df	MS	F
A	S_A	$a-1$	$V_A= S_A/ (a-1)$	V_A/V_e
误差	S_e	$a(n-1)$	$V_e=S_e/ (a-1)$	
总体	S_T	$an-1$		

A.1.3 无重复双因子方差分析

公式

$$S_T = S_A+ S_B+ S_e$$

$$CT(\text{修正项})=\frac{(\text{数据和})^2}{\text{数据个数}}$$

$$S_T=\text{各数据的平方和}-CT$$

$$S_A=\frac{(A_1\text{水平的数据和})^2}{A_1\text{水平的数据个数}}+\cdots+\frac{(A\text{水平的数据和})^2}{A\text{水平的数据个数}}-CT$$

$$S_A=\frac{(B_1\text{水平的数据和})^2}{B_1\text{水平的数据个数}}+\cdots+\frac{(B_b\text{水平的数据和})^2}{B_b\text{水平的数据个数}}-CT$$

$$S_T=S_T-S_A-S_B$$

其方差分析表如表 A.3 所示。

表 A.3 方差分析表的一般形式

差异源	SS	df	MS	F
A	S_A	$a-1$	$S_A/(a-1)=V_A$	V_A/V_e
B	S_B	$b-1$	$S_B/(b-1)=V_B$	V_B/V_e
误差	S_e	$(a-1)(b-1)$	$S_e/(a-1)(b-1)=V_e$	
总体	S_T	$ab-1$		

A.1.4 可重复双因子方差分析

公式

$$S_T=S_A+S_B+S_{AB}+S_e$$

式中，$A{:}a$ 水平，$B{:}b$ 水平。

当为可重复条件时，求 S_A 和 S_B 的交互作用。关键是求出假想因子（合成因子）的偏差平方和 S_{AB}。

$$S_T=S_{AB}+S_e$$

S_{AB} 是假想因子（合成因子）

$$S_{AB}=S_A+S_B+S_{AB}$$

$$CT(\text{修正项})=\frac{(\text{数据和})^2}{\text{数据个数}}$$

$$S_T=\text{各数据的平方和}-CT$$

$$S_A=\frac{(A_1\text{水平的数据和})^2}{A_1\text{水平的数据个数}}+\cdots+\frac{(A_a\text{水平的数据和})^2}{A_a\text{水平的数据个数}}-CT$$

$$S_B=\frac{(B_1\text{水平的数据和})^2}{B_1\text{水平的数据个数}}+\cdots+\frac{(B_b\text{水平的数据和})^2}{B_b\text{水平的数据个数}}-CT$$

$$S_{AB}=\frac{(A_1B_1\text{水平的数据之和})^2}{A_1B_1\text{水平的数据个数}}+\cdots+\frac{(A_aB_b\text{水平数据之和})^2}{A_aB_b\text{水平的数据个数}}-CT$$

那么，$S_{AB} = S_{AB} - S_A - S_B$

$S_e = S_T - S_{AB}$

其方差分析表如表 A.4 所示。

表 A. 4 方差分析表的一般形式

差异源	SS	df	MS	F
A	S_A	a-1	$S_A/(a-1)=V_A$	V_A/V_e
B	S_B	b-1	$S_B/(b-1)=V_B$	V_B/V_e
AB	S_{AB}	(a-1)(b-1)	$S_{AB}/(a-1)(b-1)=V_{A*B}$	V_{AB}/V_e
误差	S_e	$ab(n$-1)	$S_e/ab(n-1)=V_e$	
总体	S_T	abn-1		

注：n 为重复数。

A.1.5 无重复 3 因子方差分析

公式

$$S_T = S_A + S_B + S_C + S_{AB} + S_{AC} + S_{BC} + S_e$$

式中，A:a 水平，B:b 水平，C:c 水平。

各偏差平方和的求法与可重复双因子方差分析相同（表 A.5）。

表 A.5 方差分析表的一般形式

差异源	SS	df	MS	F
A	S_A	a-1	V_A	V_A/V_e
B	S_B	b-1	V_B	V_B/V_e
C	S_C	c-1	V_C	V_C/V_e
AB	S_{AB}	(a-1)(b-1)	V_{AB}	V_{AB}/V_e
AC	S_{AC}	(a-1)(c-1)	V_{AC}	V_{AC}/V_e
BC	S_{BC}	(b-1)(c-1)	V_{BC}	V_{AC}/V_e
误差	S_e	(a-1) (b-1) (c-1)	V_e	
总体	S_T	abc-1		

A.1.6　可重复 3 因子方差分析

最后说明可重复 3 因子方差分析表的求法。

公式

$$S_T = S_A + S_B + S_C + S_{AB} + S_{AC} + S_{BC} + S_{ABC} + S_e$$

式中，A:a 水平，B:b 水平，C:c 水平。

求法与可重复 3 因子方差分析相同。

假想因子（合成因子）ABC 的偏差平方和 S_{ABC} 可如下求出。

$$S_{ABC} = S_A + S_B + S_C + S_{AB} + S_{AC} + S_{BC} + S_{ABC}$$

S_{ABC} 可由

$$S_{ABC} = S_{ABC} - S_A - S_B - S_C - S_{AB} - S_{AC} - S_{BC}$$

算出。

$$S_{ABC} = \frac{(A_1B_1C_1\text{ 水平数据之和})^2}{A_1B_1C_1\text{ 水平的数据个数}} + \frac{(A_1B_1C_2\text{ 水平数据之和})^2}{A_1B_1C_2\text{ 水平的数据个数}} + \cdots + \frac{(A_aB_bC_c\text{ 水平数据之和})^2}{A_aB_bC_c\text{ 水平的数据个数}} - CT$$

其方差分析表如表 A.6 所示。

表 A.6　方差分析表的一般形式

差异源	SS	df	MS	F
A	S_A	a-1	V_A	V_A/V_e
B	S_B	b-1	V_B	V_B/V_e
C	S_C	c-1	V_C	V_C/V_e
AB	S_{AB}	(a-1)(b-1)	V_{AB}	V_{AB}/V_e
AC	S_{AC}	(a-1)(c-1)	V_{AC}	V_{AC}/V_e
BC	S_{BC}	(b-1)(c-1)	V_{BC}	V_{BC}/V_e
ABC	S_{ABC}	(a-1)(b-1)(c-1)	V_{ABC}	V_{ABC}/V_e
误差	S_e	abc(n-1)	V_e	
总体	S_T	$abcn$-1		

注：n 为重复数。

【注意】正交表试验的方差分析表也可同理求出。关键是做二元表。

A.2 练习题

让我们拿起纸张和笔并使用 Excel 来挑战练习题，提升实力吧。

A.2.1 练习题 1

假设要卖新产品，宣传手段为报纸、TV 和自动呼叫。我们怎样才能定量地把握它们的效果呢？而且还存在时间对营业额的影响。另外，不同地区营业额也不同。那我们该怎么才能定量地把握这 3 个因子的影响呢？

拉丁方阵是解法之一，如图 A.1 分配。

		地区				
		A地区	B地区	C地区		
期间	第一周	报纸	TV	自动呼叫	报纸	促销方法
	第二周	TV	自动呼叫	报纸	TV	
	第三周	自动呼叫	报纸	TV	自动呼叫	

图 A.1 分配方法

实际数据如图 A.2 所示。

		地区				
		A地区	B地区	C地区		
期间	第一周	29	34	40	报纸	促销方法
	第二周	37	45	36	TV	
	第三周	49	40	39	自动呼叫	

图 A.2 实际数据

比如，29 为第 1 周、A 地区、宣传方法为报纸时的数据。

问题

（1）用设计列表表示上面的数据。

（2）求上面数据的方差分析表。

（3）运用回归分析模型解析设计列表。

解答（1）

上面数据的设计列表如图 A.3。

No.	期间	地区	促销方法	营业额
1	第1周	A地区	报纸	29
2	第2周	A地区	TV	37
3	第3周	A地区	自动呼叫	49
4	第1周	B地区	TV	34
5	第2周	B地区	自动呼叫	45
6	第3周	B地区	报纸	40
7	第1周	C地区	自动呼叫	40
8	第2周	C地区	报纸	36
9	第3周	C地区	TV	39

图 A.3　设计列表

解答（2）

方差分析表可如图 A.4 所示。

方差分析

	SS	df	MS	F	P-value	Significance F
期间	105.56	2	52.778	16.964	0.056	19
地区	3.56	2	1.778	0.571	0.636	19
促销法	160.22	2	80.111	25.75	0.037	19
误差	6.222	2	3.111			
总计	275.5556	8				

图 A.4　方差分析表

解答（3）

地区的危险率（*P* 值）为63.6% 无效，故删除。回归分析的执行数据如图 A.5 所示。

No.	第2周	第3周	TV	自动呼叫	营业额
1	0	0	0	0	29
2	1	0	1	0	37
3	0	1	0	1	49
4	0	0	1	0	34
5	1	0	0	1	45
6	0	1	0	0	40
7	0	0	0	1	40
8	1	0	0	0	36
9	0	1	1	0	39

图 A.5　回归分析用的数据

执行结果如图 A.6。

SUMMARY OUTPUT

回归统计	
Multiple	0.982
R Square	0.965
Adjusted	0.929
标准误差	1.563
观测值	9

方差分析

	df	SS	MS	F	Significance F
回归分析	4	265.78	66.44	27.18	0.00369
残差	4	9.78	2.44		
总计	8	275.56			

	Coefficient	标准误差	t Stat	P-value
Intercept	30.56	1.165	26.220	1.26E-05
第2周	5.00	1.277	3.917	0.0173
第3周	8.33	1.277	6.528	0.0028
TV	1.67	1.277	1.306	0.2617
自动呼叫	9.67	1.277	7.572	0.0016

图 A.6 回归分析结果

回归方程表示如下。

$$\text{营业额 } y = 30.56 + \overset{\text{期间}}{\begin{cases} 0.00 \text{（第 1 周）} \\ 5.00 \text{（第 2 周）} \\ 8.33 \text{（第 3 周）} \end{cases}} + \overset{\text{促销方法}}{\begin{cases} 0.00 \text{（报纸）} \\ 1.67 \text{（TV）} \\ 9.67 \text{（自动呼叫）} \end{cases}}$$

A.2.2 练习题 2

问题

请制作一个 Excel 计算表格（程序），使其能自动求出如练习题 1 中 3×3 拉丁方阵试验设计法的方差分析表。

解答

请从主页（http://www.ohmsha.co.jp, 下同）下载。

A.2.3 练习题 3

假设生日时，打算策划一个完美的约会，有如下选择项（图 A.7）。对方男性的年龄是相同年龄、年长，去处是市中心、海，餐厅是日式餐厅、意大利餐厅，另外酒吧是看夜景、现场演奏、飞镖。怎么组合才最受欢迎呢？我们对此进行了问卷调查（图 A.8）。

		水平		
		第1水平	第2水平	第3水平
因子	酒吧	夜景	现场演奏	飞镖
	去处	市中心	海	
	对方年龄	相同年龄	年长	
	餐厅	日式餐厅	意大利餐厅	

图 A.7 分配

No.	酒吧	去处	对方年龄	餐厅	数据（满意度）
1	夜景	市中心	相同年龄	日式	8.0
2	夜景	海	年长	意大利	8.3
3	现场演奏	市中心	相同年龄	意大利	9.2
4	现场演奏	海	年长	日式	9.5
5	飞镖	市中心	年长	日式	8.9
6	飞镖	海	相同年龄	意大利	8.3
7	现场演奏	市中心	年长	意大利	9.6
8	现场演奏	海	相同年龄	日式	9.3

图 A.8 调查问卷结果（设计列表）

问题

（1）求方差分析表。

（2）求满意度的回归方程。

解答（1）

方差分析如图 A.9。

方差分析

差异源	SS	df	MS	F	P-value	F crit
酒吧	2.30375	2	1.152	108.412	0.009	19.00
去处	0.011	1	0.011	1.059	0.412	18.51
相同年龄	0.28125	1	0.281	26.471	0.036	18.51
餐厅	0.01125	1	0.011	1.059	0.412	18.51
误差	0.02	2	0.011			
总计	2.629	7				

图 A.9 方差分析

解答（2）回归方程

由于去处和餐厅没有作用，故删除。回归分析的执行表数据如图 A.10 所示，回归分析结果如图 A.11 所示。

No.	飞镖	现场演奏	年长	数据
1	0	0	0	8.0
2	0	0	1	8.3
3	0	1	0	9.2
4	0	1	1	9.5
5	1	0	1	8.9
6	1	0	0	8.3
7	0	1	1	9.6
8	0	1	0	9.3

图 A.10 回归分析的执行表数据

SUMMARY OUTPUT

回归统计	
Multiple R	0.992
R Square	0.983
Adjusted R Square	0.971
标准误差	0.105
观测值	8

方差分析

	df	SS	MS	F	Significance F
回归分析	3	2.585	0.86167	78.78095238	0.000516458
残差	4	0.044	0.01094		
总计	7	2.629			

	Coefficients	标准误差	t Stat	P-value
Intercept	7.963	0.083	96.305	6.97008E-08
飞镖	0.450	0.105	4.303	0.01262
现场演奏	1.250	0.091	13.801	0.00016
年长	0.375	0.074	5.071	0.00713

图 A.11 回归分析执行结果

满意度的表达式可以写作

$$\text{满意度}\, y = 7.96 + \overset{\text{酒吧}}{\begin{cases} 0.00\text{（夜景）} \\ 0.45\text{（飞镖）} \\ \underline{1.25\text{（现场演奏）}} \end{cases}} + \overset{\text{对方年龄}}{\begin{cases} 0.00\text{（相同年龄）} \\ \underline{0.375\text{（年长）}} \end{cases}}$$

A.2.4 练习题 4

问题

请制作一个 Excel 计算表格（程序），使其能自动求出如练习题 3 的方差分析表。

解答

请从主页（http:www.ohmsha.co.jp）下载。

A.2.5 练习题 5

表 A.7 是 L_4 正交表。

表 A.7 L_4 正交表

No.	列 1	列 2	列 3	列
1	1	1	1	y_1
2	1	2	2	y_2
3	2	1	2	y_3
4	2	2	1	y_4
	a	b	ab	

问题

请证明列 1 和列 2 的交互作用体现在列 3。

解答

$$CT(\text{修正项}) = \frac{(y_1+y_2+y_3+y_4)^2}{4}$$

$$S_A = \frac{(y_1+y_2)^2}{2} + \frac{(y_3+y_4)^2}{2} - CT$$

$$S_B = \frac{(y_1+y_3)^2}{2} + \frac{(y_2+y_4)^2}{2} - CT$$

$$S_C = \frac{(y_1+y_4)^2}{2} + \frac{(y_2+y_3)^2}{2} - CT$$

$$S_{AB} = y_1{}^2 + y_2{}^2 + y_3{}^2 + y_4{}^2 - CT$$

(只要证明 $S_{A*B}=S_{AB}-S_A-S_B=S_C$ 成立即可)

$$S_{AB} - S_A - S_B$$

$$= (y_1{}^2 + y_2{}^2 + y_3{}^2 + y_4{}^2 - CT) - \left[\frac{(y_1+y_2)^2}{2} + \frac{(y_3+y_4)^2}{2} - CT\right]$$

$$-\left[\frac{(y_1+y_3)^2}{2} + \frac{(y_2+y_4)^2}{2} - CT\right]$$

$$= (2y_1{}^2 + 2y_2{}^2 + 2y_3{}^2 + 2y_4{}^2 - 2CT - y_1{}^2 - 2y_1y_2 - y_2{}^2 - y_3{}^2 - 2y_3y_4$$
$$- y_4 - y_1{}^2 - 2y_1y_3 - y_3{}^2 - y_2{}^2 - 2y_2y_4 - y_4{}^2 + 4CT)/2$$

$$= (2y_1{}^2 + 2y_2{}^2 + 2y_3{}^2 + 2y_4{}^2 - 2CT - y_1{}^2 - 2y_1y_2 - y_2{}^2 - y_3{}^2 - 2y_3y_4$$
$$-y_4 - y_1{}^2 - 2y_1y_3 - y_3{}^2 - y_2{}^2 - 2y_2y_4 - y_4{}^2 + y_1{}^2 + y_2{}^2 + y_3{}^2 + y_4{}^2$$
$$+2y_1y_2 + 2y_1y_3 + 2y_1y_4 + 2y_2y_3 + 2y_2y_4 + 2y_3y_4)/2$$

$$= \frac{{y_1}^2 + 2y_1y_4 + {y_4}^2 + {y_2}^2 + 2y_2y_3 + {y_3}^2 - 2CT}{2}$$

$$= \frac{(y_1 + y_4)^2}{2} + \frac{(y_2 + y_3)^2}{2} - CT$$

$$= S_C$$

【注意】也可以证明 L_8 正交表的数据 $y_1 \sim y_8$ 中列 1 和列 2 的交互作用体现在列 3，由于计算比较复杂，在此就省略了。读者不妨尝试一下。

A.2.6 练习题 6

怎样的电子书才受欢迎呢？假设有以下的因子和水平（图 A.12）。

将这些分配到 L_8 正交表中。

		水平	
		第1水平	第2水平
因子	页数	60页	50页
	文章	黑白好	彩色好
	插图	丰富	最小限度
	数据	有	无

图 A.12 因子和水平

请 25 人对 8 对组合进行问卷调查（图 A.13）。

	1列	2列	4列	7列	买入10、不知道5、不买0
NO	页数	文章	插图	数据	回答
1	60页	黑白好	丰富	有	7.73
2	60页	黑白好	最小限度	无	1.90
3	60页	彩色好	丰富	无	2.62
4	60页	彩色好	最小限度	有	7.72
5	50页	黑白好	丰富	无	2.00
6	50页	黑白好	最小限度	有	5.82
7	50页	彩色好	丰富	有	9.31
8	50页	彩色好	最小限度	无	1.90

图 A.13 调查问卷

我们可以这样看这个表。比如 No.1 为 60 页，文章为黑白，插图丰富并有数据。27 个人对该组合的回答分数的平均分为 7.73。

问题

（1）求上述数据的方差分析表。

（2）做设计列表并用回归分析解析。

解答（1）

方差分析表如图 A.14 所示。

方差分析						
差异源	SS	df	MS	F	P-value	F crit
页数	0.1105	1	0.11	0.172	0.707	10.128
文章	2.1012	1	2.101	3.264	0.169	10.128
插图	2.3328	1	2.333	3.623	0.153	10.128
数据	61.3832	1	61.383	95.34	0.002	10.128
误差	1.9315	3	0.644			
总计	67.859	7				

图 A.14 方差分析表

解答（2）回归分析

页数因子的危险率 70.7%，很大，故删除。文章因子和插图因子的危险率分别为 16.9%、15.3%，虽然大于 15%，但我们把其保留下来。因此，回归分析的执行表数据如图 A.15 所示。

No	彩色好	丰富	有数据	y
1	0	1	1	7.73
2	0	0	0	1.9
3	1	1	0	2.62
4	1	0	1	7.72
5	0	1	0	2.00
6	0	0	1	5.82
7	1	1	1	9.31
8	1	0	0	1.9

图 A.15 回归分析执行表数据

回归分析结果如图 A.16 所示。

SUMMARY OUTPUT

回归统计	
Multiple R	0.98484
R Square	0.969909
Adjusted R	0.947341
标准误差	0.714484
观测值	8

方差分析

	df	SS	MS	F	Significance F
回归分析	3	65.817	21.939	42.977	0.002
残差	4	2.042	0.510		
总计	7	67.859			

	Coefficien	标准误差	t Stat	P-value
Intercept	1.05	0.505	2.083	0.106
彩色好	1.03	0.505	2.029	0.112
丰富	1.08	0.505	2.138	0.099
有数据	5.54	0.505	10.966	0.000

图 A.16 回归分析执行结果

回归方程如下所示。

$$y = 1.05 + \begin{cases} 0.00\ (\text{黑白好}) \\ 1.03\ (\text{彩色好}) \end{cases} + \begin{cases} 0.00\ (\text{最小限度}) \\ 1.08\ (\text{丰富}) \end{cases} + \begin{cases} 0.00\ (\text{无数据}) \\ 5.54\ (\text{有数据}) \end{cases}$$

（三个括号依次对应：文章、插图、数据）

A.2.7 练习题 7

问题

请制作一个 Excel 计算表格（程序），使其对使用 L_8 正交表的试验设计法如练习题 6 自动求出方差分析表。

解答

请从主页（http:www.ohmsha.co.jp）下载。

A.3 试验设计法程序

试验设计法程序由轻轻松松分配表格（はらくらく作成シート）和 anoval17 构成。

从主页（http:http://www.ohmsha.co.jp）下载的文件中包含以下内容。

						方差分析表的数量
单因子		3 水平 ○	4 水平 ○			2
双因子	重复数 =1	2×3 ○	2×4 ○	3×3 ○	4×4 ○	4
	重复数 =2	2×3 ○	2×4 ○	3×4 ○	4×4 ○	4
3 因子	重复数 =1	2×3×3 ○	2×3×4 ○	3×3×3 ○	3×3×4 ○	4
拉丁方阵		3×3 ○				1
正交表		L_8 ○				2
					合计	17

【注】程序 anova69 可以求 69 种方差分析表，该程序可以从以下网页购买。

上田 data-ming 塾 http://www.datamining.jp/

上田 data-ming 塾神户 http://www.pipop.com/dataming_kobe.htm

上田 data-ming 塾镰仓 http://www.wannyan-studio.com/dataming-kamakura.htm

上田 data-ming 塾冈山 http://www.rhizome-e.com/dataming_okayama

著者简介

上田 太一郎

上田太一郎是数据开发塾的塾长(www.datamining.jp)、上田开发工作室的主任，也是数据开发的合作人，同时他还担任企业数据开发的顾问。合著有《用Excel练习数据开发》、《新Excel轻松发现上涨股票》、《用Excel学习田口方法解析法入门》(同友馆出版)；《数据挖掘实例集》、《数据挖掘实战集》、《终极数据挖掘》(共立出版)；《实践工作室彻底活用Excel多变量解析》、《实践工作室彻底活用Excel分析商务数据》(秀和系统出版)。

渕上 美喜

日本大阪市立大学研究生院生活科学研究科博士课程在读、数据开发合作人。她将统计、数据开发方法灵活运用到人体工程学实验数据解析中，以便最大限度追求人与物之间的和谐。另外，她有数据软件销售方面的经验，并且担任数据开发等研究课题的讲师。合著有《用Excel学回归分析入门》(欧姆社)；《数学研究课堂图解入门掌握行列·向量的基本和架构》、《实践作坊　彻底活用Excel分析商务数据》(秀和系统出版)；《用Excel轻松发现潜力股》(同友馆)。

上田 和明

数据开发合作人。从事设计调查问卷的分工工作，此分工主要是有目的地引出被调查者的潜意识，利用多变量解析及教材开发法对问卷调查进行解析。合著有《实践工作室彻底活用Excel解析变量》(秀和系统出版)；《用Excel学回归分析入门》、《用Excel学数据解析》(欧姆社出版)。

近藤 宏

在日本某电机工厂上班。从1985年开始从事业务空调产品开发的质量管理业务，也参与质量管理培训的策划工作。他意识到要提升产品的质量，必须提升其上流的质量即设计质量。虽然他刚开始时为提升质量设计的方法而苦恼，但自1999年以来他意识到统合以往的质量管理培训与田口方法(质量工程学)是比较理想的质量管理培训方法后，现在正在展开各种宣传活动。合著有《用Excel实现田口方法入门》、《用Excel统计学质量管理入门》(同友馆出版)。

高桥 玲子

毕业于东京女子大学文理学部。在综合商社担当管理会计后，曾在法国接受短期培训并有从糕点专门学校毕业后担任现场蛋糕师的经验。之后，她担当过经营顾问，现在主要是通过数据解析提供市场营销战略等合理的经营策略。另外，她还是中小企业的诊断医生、数据开发合作人。合著有《用Excel学数据开发》(欧姆社出版)。

平田 功

在日本某大型印刷公司上班。从事过产品开发业务，在人才培养部门从事技术人员专业培训的策划和运营。主要介绍质量控制、工业管理、价值工程、试验设计法等代表性的工程学方法，现在给市场营销人员介绍统计学方法。

大山 觉

1993 年毕业于东京工业大学理工学院研究科情报科学，硕士研究生。1993 年进入日本某电机工厂上班，作为销售物流系统的软件工程师，他主要从事系统开发业务工作。现在作为销售物流系统的软件工程师，从事着顾问及系统开发工作。